La guía definitiva para hacer croissants hojaldrados y deliciosos en casa

Una guía completa para hacer croissants hojaldrados y mantecosos en casa con 100 recetas y técnicas fáciles de seguir para principiantes y expertos por igual

Martin Romero

Copyright Material © 2023

Reservados todos los derechos
Ninguna parte de este libro se puede usar o transmitir de ninguna forma o por ningún medio sin el debido consentimiento por escrito del editor y del propietario de los derechos de autor, a excepción de las breves citas utilizadas en una reseña. Este libro no debe considerarse un sustituto del asesoramiento médico, legal o profesional.

TABLA DE CONTENIDO

- TABLA DE CONTENIDO 3
- INTRODUCCIÓN 7
- RECETAS BÁSICAS 8
  - 1. Croissants básicos 9
  - 2. Croissants clásicos 13
  - 3. Croissants de pan de plumas 15
  - 4. Croissants de granero 19
- CROSSANTS DE CHOCOLATE 22
  - 5. Croissants con pepitas de chocolate 23
  - 6. Croissants de eclair de plátano 26
  - 7. Budín de pan croissant malteado con chocolate amargo ... 28
  - 8. Éclairs de croissant de almendras y chocolate 30
  - 9. Croissants de fresa cubiertos de chocolate 33
  - 10. Croissants de chocolate 35
  - 11. Croissants de pan y mantequilla con toblerone 37
  - 12. Croissants Toblerone 39
  - 13. Croissants de Nutella y Plátano 41
  - 14. Croissants de malvaviscos 43
- Sándwiches de croissant 45
  - 15. Sándwiches de croissant para el desayuno 46
  - 16. Croiwaffle con guacamole 48
  - 17. Croissant clásico de tocino, huevo y queso 50
  - 18. Bollos pegajosos de croissant de naranja y almendras 52
  - 19. Cruasanes De Ensalada De Mariscos 55
  - 20. Croissant de pollo asado al pesto a la plancha 57
  - 21. Jamón y queso caliente gourmet 59
  - 22. Bistec Frites Croissant Con Queso Azul 61
- CROSSANTS DE NUECES 63
  - 23. Croissants de pistacho 64
  - 24. Croissants de chocolate con avellanas 66
  - 25. Croissants de nuez y canela 68

26. Croissants de nuez 70
27. Croissants de frutos secos mixtos 72
28. Croissants de chocolate con avellanas 74
29. Croissants de alegría de almendras 76
30. Croissants de almendras.. 78
31. Croissants de frambuesa y almendras................................. 80

CROSSANTS DE FRUTAS 82

32. Croissants de arándanos.. 83
33. croissants de frambuesa.. 85
34. croissants de durazno 87
35. Croissants de bayas mixtas 89
36. Croissant de buñuelos de manzana al horno 91
37. Croissants de arándanos y limón 94
38. Croissants de arándanos y naranja 96
39. Croissants De Piña... 98
40. croissants de ciruela 100

CROSSANTS DE CARNE 102

41. Croissants de salchicha y huevo....................................... 103
42. Croissants De Jamón Y Queso 105
43. Croissants De Salchicha Picante....................................... 107
44. Croissants picantes de pollo Buffalo 109
45. Croissants picantes de chorizo 111
46. Croissants picantes de pepperoni 113
47. Estratos de croissant mantecoso con prosciutto 115

CROSSANTS CON ESPECIAS..118

48. Croissants de canela y azúcar... 119
49. Croissants picantes de jalapeño.. 121
50. Croissants de cardamomo.. 123
51. Croissants de pan de jengibre 125
52. Cruasanes De Curry 127
53. Croissants de pimentón 129
54. Croissants de chile 131
55. Croissants de manzana y canela 133

CROSSANTS CON QUESO 135
- 56. Croissants de arándanos y queso crema............................ 136
- 57. Croissants de tocino y queso cheddar 138
- 58. Croissants De Espinaca Y Queso Feta 140
- 59. Croissants de requesón.. 142
- 60. Croissants de queso crema y fresas 144
- 61. Croissants de frambuesa y queso crema 146
- 62. Croissants de melocotón y queso crema 148
- 63. Croissants de Brie y Manzana.. 150
- 64. Croissants De Pizza 152

CRUASAN FLORALES 154
- 65. Croissants de lavanda y miel.. 155
- 66. Croissants de pétalos de rosa 157
- 67. Croissants de azahar.. 159
- 68. Croissants de manzanilla 161
- 69. croissants de hibisco 163
- 70. Croissants de jazmín... 165

CROSSANTS DE SEMILLAS 167
- 71. Croissants clásicos de semillas de sésamo 168
- 72. Croissants de semillas de amapola.................................... 170
- 73. Todo Bagel Croissants 172
- 74. Croissants de semillas de lino.. 174
- 75. Croissants de semillas de girasol 176
- 76. Croissants de semillas de calabaza.................................... 178
- 77. Croissants de semillas de sésamo negro........................... 180
- 78. Croissants de semillas de cáñamo 182
- 79. Croissants de semillas múltiples 184
- 80. Croissants de semillas de chía 186
- 81. Croissants de semillas de quinua 188
- 82. Croissants de semillas de alcaravea 190

RELLENOS DULCES... 192
- 83. Croissants de pastel de calabaza 193

84. Croissants De Helado 195
85. Croissants de manzana 197
86. Croissants de tazas de mantequilla de maní 199
87. Croissants rellenos de pecanas 201
88. Croissants de mermelada y mantequilla de maní 203
89. Croissants de bayas y crema 205
90. Croissants de frutas y Nutella 207
91. Croissants de Brie y Mermelada 209

RELLENOS SALADOS 211
92. Croissants de perritos calientes 212
93. Croissants de tocino 214
94. Croissants De Pollo A La Parmesana 216
95. Croissants de albóndigas 218
96. Croissants de pepperoni 220
97. Croissants al pesto 222
98. Croissants de cebolla caramelizada y queso de cabra 224
99. Croissants de mozzarella y albahaca 226
100. Croissants de ajo y queso 228

CONCLUSIÓN 230

INTRODUCCIÓN

¿Eres fanático de la bondad mantecosa y escamosa de los croissants? ¿Sueñas con dominar el arte de hacer croissants en tu propia cocina? ¡No busque más allá de Croissant Perfection! Este libro de cocina es la guía definitiva para crear croissants perfectos, de principio a fin.

Con instrucciones detalladas paso a paso, este libro le enseñará las técnicas para crear croissants ligeros, aireados y llenos de sabor. Desde croissants de mantequilla clásicos hasta opciones saladas como croissants de jamón y queso, este libro lo tiene todo.

Pero no se trata solo de los croissants en sí: este libro también incluye recetas para hacer su propia mantequilla casera, así como otros pasteles franceses como pain au chocolat y brioche. Además, encontrará consejos y trucos para lograr esa textura escamosa perfecta y una masa bellamente estratificada.

Tanto si es un panadero experimentado como si acaba de empezar, Croissant Perfection es el recurso definitivo para lograr el éxito con los croissants. Con este libro de cocina, impresionarás a tus amigos y familiares con tus deliciosas e impresionantes creaciones. ¡Así que toma tu rodillo y prepárate para perfeccionar el arte de hacer croissants!

Palabras clave: croissants, pastelería francesa, mantequilla casera, hojaldre, repostería, técnicas, consejos, salado, dulce, en capas, mantecoso, impresionante, recetas, guía, último, éxito, perfección, detallado, paso a paso, clásico, jamón y queso, pain au chocolat, brioche, recurso, delicioso, juego de hornear, ¡elevar!

RECETAS BÁSICAS

1. Croissants Básicos

Hace: 10

INGREDIENTES
- ¾ taza más 1 cucharada de leche entera
- 2 cucharaditas de levadura instantánea
- 2⅔ tazas de harina para todo uso (o harina T55), más extra para dar forma
- 1 cucharada más 1½ cucharaditas (20 gramos) de azúcar granulada
- 2 cucharaditas de sal kosher
- 1 taza de mantequilla sin sal, a temperatura ambiente, cantidad dividida
- 1 huevo grande

INSTRUCCIONES

a) Hacer la masa: en un tazón mediano, mezcle la leche y la levadura, luego agregue la harina, el azúcar, la sal y la mantequilla y revuelva hasta que se forme una masa peluda. Coloque la masa en un banco limpio y amase durante 8 a 10 minutos (o transfiérala a una batidora de pie y amase durante 6 a 8 minutos a baja velocidad) hasta que quede suave, elástica y flexible.

b) Si amasa a mano, devuelva la masa al bol. Cubra con una toalla y deje reposar durante 1 hora o hasta que doble su tamaño. (Este tiempo variará, dependiendo de la temperatura de su cocina).

c) Convierta la masa en un banco limpio y presione ligeramente hasta obtener un cuadrado de 8 pulgadas. Envuelve con papel plástico y refrigera por 1 hora. Esto se conoce como el bloque de masa.

d) El bloque de masa y el bloque de mantequilla deben tener una temperatura y una consistencia similares, por lo que es esencial enfriarlos.

e) Después de 30 minutos de enfriar el bloque de masa, coloque los ¾ de taza (170 gramos) restantes de mantequilla en un trozo de papel pergamino. Cubra con una hoja adicional de papel pergamino y use un rodillo y un raspador de banco de plástico para dar forma a la mantequilla en un rectángulo de 6 por 8 pulgadas. Deslice el paquete de papel pergamino en una bandeja para hornear y transfiéralo al refrigerador durante 15 a 20 minutos, hasta que esté firme pero flexible. Debería poder doblar el paquete sin que se rompa en fragmentos.

f) Deja el bloque de mantequilla a un lado en tu banco mientras le das forma a la masa. Esto asegurará que tenga la temperatura correcta (no demasiado fría) antes de la incorporación. Espolvoree su banco y la parte superior de la masa con harina y enrolle el bloque de masa en un rectángulo de 9 por 13 pulgadas. Cepille el exceso de harina. Desenvuelva la mantequilla y voltéela sobre el centro de la masa, de modo que sus bordes casi se encuentren con los lados del bloque de masa. Dobla las partes superior e inferior de la masa sobre el bloque de mantequilla, juntándolas en el centro. Pellizque bien las costuras del centro y de los extremos para cerrarlas. La temperatura es crucial, así que trabaja rápido.

g) Espolvoree su banco con harina y gire la masa para que la costura central apunte hacia usted. Estirar la masa, con un movimiento hacia adelante y hacia atrás, para crear un rectángulo de 7 por 21 pulgadas, trabajando con cuidado para que no se escape mantequilla de la masa. Si la mantequilla se asoma, pellizca la masa alrededor para cubrirla y espolvorea con harina. Cepille el exceso de harina antes de doblar.

h) Dobla el tercio superior de la masa hacia el centro, luego dobla el tercio inferior de la masa sobre el centro para crear un pliegue de letras. Cepille el exceso de harina.

i) Envuelva la masa en una envoltura de plástico y enfríe durante 30 minutos.

j) Repita el paso 6, comenzando con el borde doblado de la masa en su lado izquierdo, enrollando la masa en un rectángulo de 7 por 21 pulgadas y creando un pliegue de letras. Envuelva la masa nuevamente y enfríe durante 45 minutos.

k) Repita este paso una vez más, luego envuelva la masa y enfríe durante al menos 1 hora o toda la noche.

l) Dar forma y hornear: Cubra una bandeja para hornear con papel pergamino.

m) Espolvoree su banco con harina y enrolle la masa en un rectángulo de ¼ de pulgada de grosor, aproximadamente 9 por 20 pulgadas.

n) Use un cuchillo de cocina para marcar secciones de 4 pulgadas a lo largo del lado largo. Use un cuchillo de chef para cortar el rectángulo en las marcas de 4 pulgadas, creando cinco secciones de 4 por 9 pulgadas. Divide a la mitad cada una de estas secciones en diagonal para crear un total de 10 triángulos.

o) Estire la parte inferior de cada triángulo ligeramente para alargarlo un poco.

p) Comenzando por el lado largo, enrolle los triángulos para crear una forma de croissant.

q) Cuando casi hayas llegado al final del rollo, tira un poco de la punta para alargarlo y envuélvelo alrededor del croissant, pellizcando ligeramente para sellar. Coloque cada croissant en la bandeja para hornear preparada con las puntas hacia abajo para evitar que se abran mientras se prueban y hornean. Sepáralos a unos centímetros de distancia.

r) Cubra la bandeja con una envoltura de plástico y déjela leudar a temperatura ambiente durante 1½ a 2½ horas. (Este tiempo variará, dependiendo de la temperatura de su cocina, pero la temperatura ideal es de 75 °F a 80 °F). Deje fermentar hasta que alcance una consistencia de malvavisco y aumente de volumen. Si pinchas la masa, debería retroceder un poco, dejando una marca.

s) Después de 1 hora de prueba, precaliente el horno a 400 ° F.

t) En un bol pequeño, bate el huevo con un chorrito de agua y usa una brocha de repostería para untar el glaseado sobre los croissants. Cepíllalos una vez más, para un brillo extra.

u) Hornee durante 30 a 35 minutos hasta que los croissants estén dorados. Servir tibio.

2. Croissants Clásicos

INGREDIENTES

4 tazas de harina para todo uso
1/4 taza de azúcar
1 1/2 cucharaditas de sal
2 1/4 cucharaditas de levadura instantánea
1 1/4 tazas de leche fría
2 cucharadas de mantequilla sin sal, ablandada
2 1/2 barras de mantequilla sin sal, enfriada y cortada en rodajas finas
1 huevo batido con 1 cucharada de agua

INSTRUCCIONES

En un tazón grande, mezcle la harina, el azúcar, la sal y la levadura. Agregue la leche fría y 2 cucharadas de mantequilla blanda, y revuelva hasta que se forme una masa peluda.

Volcamos la masa sobre una superficie enharinada y amasamos durante unos 10 minutos hasta que quede suave y elástica.

Coloque la masa en un tazón ligeramente engrasado, cubra con una envoltura de plástico y refrigere por 1 hora.

En una superficie enharinada, enrolle las rebanadas de mantequilla fría en un rectángulo. Dobla la masa sobre la mantequilla y junta los bordes.

Enrolle la masa y la mantequilla en un rectángulo largo. Dóblalo en tercios, como una carta.

Estire la masa nuevamente y repita el proceso de plegado dos veces más. Enfriar la masa durante 30 minutos.

Extienda la masa una última vez en un rectángulo grande, luego córtela en triángulos.

Enrolle cada triángulo hacia arriba, comenzando desde el extremo ancho, y forme una media luna.

Coloque los croissants en una bandeja para hornear forrada, cepille con huevo batido y deje crecer durante 1 hora.

Precaliente el horno a 400 °F (200 °C) y hornee los croissants durante 20-25 minutos hasta que estén dorados.

3. Croissants de pan de plumas

Hace: 1 porción

INGREDIENTES
- 2 cucharaditas de levadura de máquina de pan
- 2¼ taza de harina para todo uso
- 2 cucharaditas de sal
- 2 cucharadas de sólidos de leche en polvo instantáneos sin grasa
- 1 cucharada de azúcar
- ⅞ taza de agua
- 4 onzas de mantequilla sin sal
- 1 huevo grande; golpeado con
- 1 cucharada de agua; para acristalamiento
- 3 barras (1.45 onzas) de chocolate semidulce

INSTRUCCIONES

a) Agregue la levadura, la harina, la sal, los sólidos de leche en polvo, el azúcar y el agua a la bandeja de la máquina de pan y colóquela en la máquina. Procese los INGREDIENTES en la configuración de masa hasta que estén bien incorporados, sin INGREDIENTES secos adheridos a los lados del molde, aproximadamente 10 minutos en la mayoría de las máquinas.

b) Después de mezclar la masa, apague la máquina y deje que la masa suba en la máquina hasta que se duplique, aproximadamente 1 hora y media.

c) Mientras tanto, coloca la barra de mantequilla entre 2 capas de plástico o papel encerado. Con los dedos, aplane y dé forma a la mantequilla en un cuadrado de 6 pulgadas que tenga aproximadamente ⅓ de pulgada de grosor. Enfriar durante al menos 15 minutos. La mantequilla debe tener la consistencia de manteca vegetal cuando la use. Si es demasiado duro, romperá la masa; si es demasiado suave, rezumará por los lados. Caliéntelo o enfríelo según corresponda.

d) Cuando la masa haya duplicado su volumen, volcarla sobre una superficie bien enharinada. Con las manos enharinadas, presione la masa en un cuadrado de 13 pulgadas. Desenvuelva la mantequilla fría y colóquela en diagonal en el centro del cuadrado de masa. Lleva las esquinas de la masa sobre la mantequilla para que se unan en el centro (se verá como un sobre). Presione el centro y los bordes de la masa para aplanar y sellar la mantequilla.

e) Usando un rodillo ligeramente enharinado, enrolle la masa en un rectángulo de 18 x 9 pulgadas. No presione con demasiada firmeza. Si lo hace, la mantequilla rezumará o la masa se romperá (si se rompe, simplemente pellizque para parchear). Dobla un extremo de 9 pulgadas del rectángulo de masa sobre el tercio central de la masa. Dobla esto sobre el tercio restante.

f) Estirar la masa de nuevo en un rectángulo de 18 x 9 pulgadas. Dóblelo como antes para formar las 3 capas y colóquelo en una bolsa de plástico o envuélvalo sin apretar en una envoltura de plástico. Refrigere la masa durante 30 minutos y luego repita el proceso de enrollar, doblar y enfriar dos veces más.

g) Refrigere la masa durante la noche después del último plegado.

h) Para cortar y dar forma a los croissants, corta la masa por la mitad. Envuelve una mitad en plástico y regrésala al refrigerador mientras trabajas con la otra mitad. Estirar la masa sobre una superficie ligeramente enharinada hasta formar un círculo de 13 pulgadas.

i) Córtalo en 6 gajos. Tire suavemente de la base de cada cuña hasta un ancho de aproximadamente 6 pulgadas y la longitud de cada cuña hasta unas 7 pulgadas. Comenzando desde la base, enrolle la cuña. Coloque el croissant, con la parte superior debajo, en una bandeja para hornear resistente.

j) Curva y lleva los puntos base hacia el centro para formar una media luna. Enrolle y dé forma a todos los croissants, colocándolos a 2 pulgadas de distancia en la bandeja para hornear.

k) Cepille los croissants ligeramente con el glaseado de huevo. Luego, déjelos crecer en un lugar cálido hasta que estén livianos e hinchados, aproximadamente 1 hora y media. Mientras tanto, precaliente el horno a 400F. Cepille los croissants con el glaseado de huevo una vez más justo antes de ponerlos en el horno. Hornea por 15 minutos, o hasta que estén doradas. Retire los croissants de la bandeja para hornear para que se enfríen en una rejilla. Sirva tibio, con mermelada o con su relleno de sándwich favorito.

l) Prepara la masa de croissant como se indica.

m) Después de cortarlo por la mitad, enrolle cada mitad en un rectángulo de 14 x 12 pulgadas sobre una superficie ligeramente enharinada. Corte cada mitad en seis rectángulos de 7 x 4 pulgadas.

n) Separe tres barras de 1.45 onzas de chocolate semidulce u oscuro para hacer 12 rectángulos, cada uno de aproximadamente 3 x 1 ½ pulgadas. Coloque una pieza de chocolate a lo largo de un extremo corto de cada pieza de masa. Enrolle para encerrar el chocolate por completo y presione los bordes para sellar. Coloque los croissants, con la costura hacia abajo, en una bandeja para hornear grande.

o) Proceda a glasear y hornear como se indica.

4. croissants de granero

Hace: 1 porción

INGREDIENTES
- ¼ de litro de agua tibia
- 7 onzas de leche condensada parcialmente descremada sin azúcar
- 1 onza de levadura seca
- 2 onzas de mantequilla sin sal; Derretido
- 1 libra de harina de granero
- Una pizca de sal
- 3 onzas de margarina de soja o de girasol
- Leche para glasear

INSTRUCCIONES

a) Combine el agua con la leche evaporada y luego desmenuce la levadura fresca o agregue la levadura seca.

b) Agrega la mantequilla. Tamizar la harina con la sal en un bol grande, devolviendo los granos del colador a la harina del bol.

c) Frote la margarina en la harina hasta que la mezcla parezca pan rallado.

d) Haga un pozo en el centro de la harina, vierta la mezcla de levadura y mezcle bien.

e) Coloque la masa en una superficie ligeramente enharinada y amase durante 3 minutos.

f) Regrese la masa al tazón, cubra con un paño de cocina húmedo y deje crecer en un lugar cálido durante aproximadamente 30 minutos hasta que doble su tamaño.

g) Si la temperatura ambiente es fría, se puede acelerar el leudado usando un horno de microondas: cocine en el microondas la masa cubierta en un recipiente apto para microondas a máxima potencia durante 10 segundos. Deja reposar la masa durante 10 minutos y luego repite el proceso dos veces.

h) Coloque la mitad de la masa levantada sobre una superficie ligeramente enharinada y enrolle en un círculo de aproximadamente 5 mm (¼ de pulgada) de grosor. Con un cuchillo afilado, corte la masa en ocho segmentos triangulares. Trabajando desde el borde exterior, enrolle cada segmento hacia el centro.

Dobla cada pieza en forma de media luna y colócalas en una bandeja para hornear ligeramente engrasada.

i) Cubrir con un paño de cocina y dejar que duplique su tamaño.

j) Mientras tanto, precaliente el horno a Gas Mark 5/190C/375 F. Repita el proceso de formación con la otra mitad de la masa.

k) Alternativamente, deje la masa restante cubierta en el refrigerador hasta por 4 días y utilícela cuando necesite croissants recién hechos.

l) Cuando los croissants hayan duplicado su tamaño, glaséalos con la leche y hornéalos durante 15-20 minutos hasta que estén hinchados y dorados.

CROSSANTS DE CHOCOLATE

5. Croissants con pepitas de chocolate

Rinde: 24 porciones

INGREDIENTES
- 1½ taza de mantequilla o margarina, suavizada
- ¼ taza de harina para todo uso
- ¾ taza de leche
- 2 cucharadas de azúcar
- 1 cucharadita de sal
- ½ taza de agua muy tibia
- 2 paquetes de levadura seca activa
- 3 tazas de harina, sin cernir
- 12 onzas de chispas de chocolate
- 1 yema de huevo
- 1 cucharada de leche

INSTRUCCIONES

a) Con una cuchara, bata la mantequilla, ¼ de taza de harina hasta que quede suave. Extender sobre papel encerado en un rectángulo de 12x6. Refrigerar. Caliente ¾ taza de leche; agregue 2 cucharadas de azúcar, sal para disolver.

b) Frío a tibio. Espolvorea agua con levadura; revuelva para disolver. Con una cuchara, bata la mezcla de leche y 3 tazas de harina hasta que quede suave.

c) Encienda un paño de hojaldre ligeramente enharinado; amasar hasta que quede suave. Deje crecer, cubierto, en un lugar cálido, sin corrientes de aire, hasta que se duplique, aproximadamente 1 hora. Refrigerar ½ hora.

d) En una tela de pastelería ligeramente enharinada, enrolle en un rectángulo de 14x14.

e) Coloca la mezcla de mantequilla sobre la mitad de la masa; quitar papel. Dobla la otra mitad sobre la mantequilla; pellizca los bordes para sellar. Con el pliegue a la derecha, enrolle desde el centro hasta 20x8.

f) Por el lado corto, dobla la masa en tercios, formando 3 capas; sellar los bordes; enfríe 1 hora envuelto en papel de aluminio. Con pliegue a la izquierda, enrolle a 20x8; doblar; enfriar ½ hora. Repetir.

g) Enfriar durante la noche. Al día siguiente, rueda; doblar dos veces; enfriar ½ hora entre. Luego enfríe 1 hora más.

h) Para dar forma: cortar la masa en 4 partes. En una tela de repostería ligeramente enharinada, enrolle cada uno en un círculo de 12 pulgadas. Corta cada círculo en 6 gajos.

i) Espolvoree los gajos con chispas de chocolate; tenga cuidado de dejar un margen de ½ pulgada alrededor y no llene demasiado con las chispas. Enrolle comenzando por el extremo ancho. Formar una media luna. Coloque la punta hacia abajo, con una separación de 2" sobre papel marrón en una bandeja para hornear galletas.

j) Cubrir; dejar crecer en un lugar tibio, libre de corrientes de aire hasta el doble, 1 hora.

k) Caliente el horno a 425. cepille con la mezcla de yema de huevo batida en 1 cucharada de leche. Hornee 5 minutos, luego reduzca el horno a 375; hornee 10 minutos más o hasta que los croissants estén hinchados y dorados.

l) Enfriar sobre rejilla durante 10 minutos.

6. Croissants de eclair de plátano

Rinde: 4 porciones

INGREDIENTES
- 4 croissants helados
- 2 cuadrados de chocolate semidulce
- 1 cucharada de mantequilla
- ¼ taza de azúcar glas cernida
- 1 cucharadita de agua caliente; hasta 2
- 1 taza de budín de vainilla
- 2 plátanos medianos; rebanado

INSTRUCCIONES

a) Corta los croissants congelados por la mitad a lo largo; salir juntos. Caliente los croissants congelados en una bandeja para hornear sin engrasar a 325 °F precalentados. horno 9-11 minutos.

b) Derrita el chocolate y la mantequilla juntos. Agrega el azúcar y el agua para hacer un glaseado para untar.

c) Extienda ¼ de taza de budín en cada mitad inferior de croissant. Cubra con plátanos en rodajas.

d) Vuelva a colocar las tapas de croissant; rocíe sobre el glaseado de chocolate.

e) Atender.

7. Pudín de pan croissant malteado con chocolate amargo

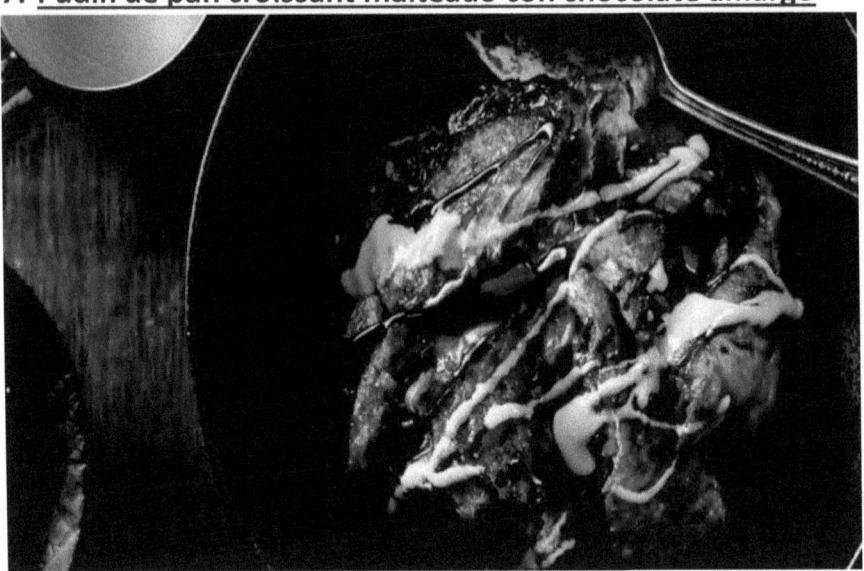

INGREDIENTES

6 croissants grandes, preferiblemente del día anterior
3 tazas de leche entera
1 taza de crema espesa
1/2 taza de azúcar granulada
4 huevos grandes
2 cucharaditas de extracto de vainilla
1/4 cucharadita de sal
1/2 taza de chispas de chocolate amargo
1/4 taza de leche en polvo malteada
Crema batida, para servir (opcional)

INSTRUCCIONES

Precaliente el horno a 350°F. Unte con mantequilla una fuente para hornear de 9x13 pulgadas.
Corte los croissants en trozos pequeños y colóquelos en la fuente para hornear preparada.
En un tazón grande, mezcle la leche, la crema, el azúcar, los huevos, el extracto de vainilla, la sal y la leche en polvo malteada hasta que estén bien combinados.
Vierta la mezcla sobre los croissants, asegurándose de distribuir uniformemente el líquido.
Espolvorea las chispas de chocolate negro sobre la parte superior del budín de pan.
Cubra la fuente para hornear con papel de aluminio y hornee por 35 minutos.
Retire el papel aluminio y continúe horneando durante 15 a 20 minutos adicionales, o hasta que el budín de pan esté listo y la parte superior esté dorada.
Deje que el budín de pan se enfríe durante unos minutos antes de servir. Cubra con crema batida, si lo desea.

8. Éclairs de Croissant de Chocolate y Almendras

INGREDIENTES

Para el paté à choux:

1/2 taza de agua
1/2 taza de leche entera
1/2 taza de mantequilla sin sal, en cubos
1/2 cucharadita de sal
1 cucharadita de azúcar
1 taza de harina para todo uso
4 huevos grandes, temperatura ambiente
Para el relleno de chocolate con almendras:

1 taza de crema espesa
1 taza de chispas de chocolate semidulce
1/2 taza de mantequilla de almendras
Para el glaseado de chocolate:

1/2 taza de chispas de chocolate semidulce
2 cucharadas de mantequilla sin sal
1 cucharada de jarabe de maíz

INSTRUCCIONES

Precaliente el horno a 375°F. Cubra una bandeja para hornear con papel pergamino.
En una cacerola mediana, combine el agua, la leche, la mantequilla, la sal y el azúcar. Caliente a fuego medio hasta que la mantequilla se haya derretido y la mezcla hierva a fuego lento.
Agregue la harina de una vez y revuelva vigorosamente con una cuchara de madera hasta que la mezcla forme una bola y se despegue de las paredes de la sartén.
Retire la sartén del fuego y deje enfriar durante 5 minutos.
Agregue los huevos uno a la vez, batiendo bien después de cada adición, hasta que la mezcla esté suave y brillante.
Colocar una manga pastelera con boquilla redonda grande y rellenar con la masa choux.

Coloque la masa en la bandeja para hornear preparada, formando éclairs de 6 pulgadas de largo.
Hornee durante 25-30 minutos, o hasta que estén doradas e infladas.
Retire del horno y deje enfriar por completo.
En una cacerola mediana, caliente la crema espesa hasta que hierva a fuego lento.
Retire del fuego y agregue las chispas de chocolate y la mantequilla de almendras. Revuelva hasta que el chocolate se haya derretido y la mezcla esté suave.
Corta una pequeña hendidura en la parte inferior de cada éclair y coloca el relleno en el centro.
En una cacerola pequeña, derrita las chispas de chocolate, la mantequilla y el jarabe de maíz a fuego lento, revolviendo constantemente, hasta que quede suave.
Sumerja la parte superior de cada éclair en el glaseado de chocolate y colóquelo sobre una rejilla para que cuaje.
Opcional: espolvorear con almendras rebanadas.

9. Croissants de fresa cubiertos de chocolate

INGREDIENTES

6 medialunas
1/2 taza de mermelada de fresa
1/2 taza de chispas de chocolate semidulce
1 cucharada de mantequilla sin sal
1/4 taza de crema espesa
fresas frescas, en rodajas (opcional)

INSTRUCCIONES

Precaliente el horno a 375°F.
Corta cada croissant por la mitad a lo largo.
Extienda 1-2 cucharadas de mermelada de fresa en la mitad inferior de cada croissant.
Vuelva a colocar la mitad superior de cada croissant y colóquelos en una bandeja para hornear.
Hornee durante 10-12 minutos, o hasta que los croissants estén ligeramente dorados.
En una cacerola pequeña, derrita las chispas de chocolate, la mantequilla y la crema espesa a fuego lento, revolviendo constantemente, hasta que quede suave.
Retire los croissants del horno y déjelos enfriar durante unos minutos.
Sumerge la parte superior de cada croissant en la mezcla de chocolate, dejando que se escurra el exceso.
Coloque los croissants cubiertos de chocolate sobre una rejilla para que se enfríen y cuajen.
Opcional: cubra con rodajas de fresa fresca antes de servir.

10. croissants de chocolate

INGREDIENTES

Masa básica de croissant (ver receta arriba)
6 onzas de chocolate semidulce, picado
1 huevo batido con 1 cucharada de agua

INSTRUCCIONES

Estirar la masa de croissant en un rectángulo grande.
Cortar la masa en triángulos.
Coloque un puñado pequeño de chocolate picado en el extremo ancho de cada triángulo.
Enrolle cada triángulo hacia arriba, comenzando desde el extremo ancho, y forme una media luna.
Coloque los croissants en una bandeja para hornear forrada, cepille con huevo batido y deje crecer durante 1 hora.
Precaliente el horno a 400 °F (200 °C) y hornee los croissants durante 20-25 minutos hasta que estén dorados.

11. Croissants de pan y mantequilla con toblerone

Rinde: 4 porciones

INGREDIENTES
- 1 taza de crema de leche
- 2 cucharadas de azúcar en polvo
- 1 cucharadita de extracto de vainilla
- 100 g de chocolate con leche Toblerone, partido en trozos
- 6 mini croissants de panadería Coles
- 2 huevos
- 16 frambuesas congeladas
- Azúcar glas, para espolvorear, opcional

INSTRUCCIONES

a) Precalentar el horno a 180C/160C con ventilador forzado. Engrasar cuatro fuentes de horno de 250 ml.

b) Batir la nata, el azúcar extrafino, la vainilla y los huevos en una jarra grande.

c) Corta cada croissant por la mitad horizontalmente y luego por la mitad transversalmente.

d) Coloque los croissants en los platos preparados.

e) Verter sobre la mezcla de huevo y dejar reposar durante 10 minutos.

f) Coloque el chocolate y las frambuesas encima y entre las rebanadas de croissant.

g) Hornea por 25 minutos o hasta que estén doradas y cuajadas. Espolvoree con azúcar glas, si lo desea.

12. Croissants Toblerone

Hace: 4
- 4 medialunas
- 125 g de queso crema para untar philadelphia
- 100 g de chocolate con leche toblerone, picado en trozos grandes

a) Cortar los croissants horizontalmente con un cuchillo afilado. Unte la mitad inferior de los croissants con Philly.

b) Espolvorear con Toblerone. Cierra la tapa. Envuelva el croissant en papel aluminio.

c) Hornear a 150°C durante 10 minutos o hasta que se caliente.

13. Croissants de Nutella y Plátano

INGREDIENTES

1 hoja de hojaldre, descongelada
1/4 taza de Nutella
1 plátano, en rodajas finas
1 huevo batido
Azúcar en polvo, para espolvorear

INSTRUCCIONES

Precaliente su horno a 400°F (200°C).
En una superficie ligeramente enharinada, extienda la lámina de hojaldre en un cuadrado de 12 pulgadas.
Corta el cuadrado en 4 cuadrados más pequeños.
Extienda una cucharada de Nutella en cada cuadrado, dejando un pequeño borde alrededor de los bordes.
Coloque unas rodajas de plátano encima de la Nutella.
Enrolle cada cuadrado de una esquina a la esquina opuesta, formando una forma de croissant.
Coloque los croissants en una bandeja para hornear forrada con papel pergamino.
Pintar los croissants con el huevo batido.
Hornee durante 15-20 minutos, hasta que los croissants estén dorados e hinchados.
Espolvoree con azúcar en polvo antes de servir.

14. Croissants de malvaviscos

INGREDIENTES
1 hoja de hojaldre, descongelada
1/4 taza de Nutella
1/4 taza de mini malvaviscos
1/4 taza de migas de galleta graham
1 huevo batido
Azúcar en polvo, para espolvorear

INSTRUCCIONES
Siga las instrucciones para los Croissants de Nutella y Plátano (Receta 1), pero reemplace el plátano en rodajas con mini malvaviscos y migas de galleta Graham. Espolvoree con azúcar en polvo antes de servir.

Sándwiches de croissant

15. Sándwiches de croissant de desayuno

INGREDIENTES
- 1 cucharada de aceite de oliva
- 4 huevos grandes, ligeramente batidos
- Sal kosher y pimienta negra recién molida, al gusto
- 8 mini croissants, cortados a la mitad horizontalmente
- 4 onzas de jamón en rodajas finas
- 4 rebanadas de queso cheddar, a la mitad

Direcciones

a) Caliente el aceite de oliva en una sartén grande a fuego medio-alto. Agregue los huevos y cocine, revolviendo suavemente con una espátula de silicona o resistente al calor, hasta que comiencen a cuajar; Condimentar con sal y pimienta. Continúe cocinando hasta que espese y no quede líquido visible, de 3 a 5 minutos.

b) Rellena los croissants con los huevos, el jamón y el queso para hacer 8 sándwiches. Envuélvalo bien en una envoltura de plástico y congélelo hasta por 1 mes.

c) Para recalentar, retire la envoltura de plástico de un sándwich congelado y envuélvalo en una toalla de papel. Cocine en el microondas, volteando a la mitad, durante 1 a 2 minutos, hasta que se caliente por completo.

16. Croiwaffle Con Guacamole

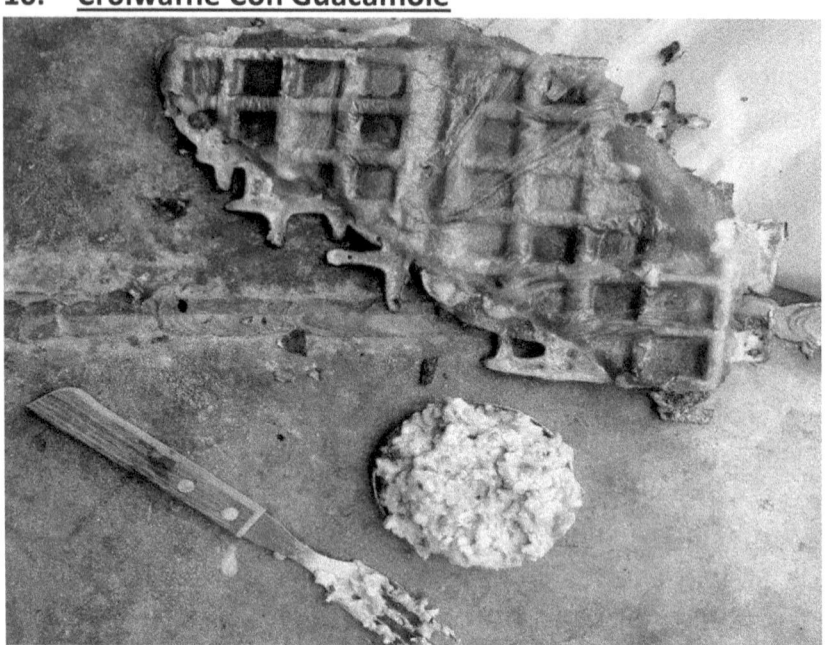

Hace: 1

INGREDIENTES
- 1 croissant
- Manteca
- ⅔ taza de queso cheddar
- 3 rebanadas de salami
- Guacamole

INSTRUCCIONES

a) Cortar el croissant por la mitad y aplicar mantequilla por ambos lados.

b) Rallar una cantidad considerable de queso por un lado y añadir unas lonchas de salami.

c) Ralla más queso sobre el salami y coloca la otra mitad del croissant encima.

d) Coloque el croissant en la waflera en su posición más baja.

e) Mientras tanto, haz el guacamole.

f) Para obtener una corteza con mucho queso, retira el waffle de la waflera justo antes de que termine de cocinarse.

g) Espolvoree un poco de queso en la plancha para gofres, coloque el gofre encima y espolvoree un poco de queso adicional encima.

h) Cocine hasta que la capa exterior de queso esté dorada.

i) Sirve con tanto guacamole como quieras.

cuerno

17. Croissant clásico de tocino, huevo y queso

INGREDIENTES

2 medialunas grandes
4 rebanadas de tocino
2 huevos grandes
2 rebanadas de queso cheddar
2 cucharadas de mantequilla sin sal
Sal y pimienta para probar

INSTRUCCIONES

Precaliente el horno a 350°F.

Cocine el tocino en una sartén a fuego medio hasta que esté crujiente. Retire de la sartén y escurra en un plato forrado con toallas de papel.

Casca los huevos en un tazón pequeño y bátelos con un tenedor hasta que estén revueltos.

En una sartén antiadherente, derrita 1 cucharada de mantequilla a fuego medio-bajo. Agregue los huevos y cocine, revolviendo ocasionalmente, hasta que estén revueltos y bien cocidos. Sazone con sal y pimienta, al gusto.

Corta los croissants por la mitad a lo largo y colócalos en una bandeja para hornear.

Agregue una rebanada de queso cheddar en la mitad de cada croissant.

Cubra el queso con 2 rebanadas de tocino y una bola de huevos revueltos.

Cierra el croissant con la otra mitad y unta la parte superior con la cucharada restante de mantequilla.

Hornee en el horno precalentado durante 5-7 minutos, o hasta que el queso se derrita y los croissants estén bien calientes.

¡Sirve caliente y disfruta de tu delicioso croissant de tocino, huevo y queso!

18. Bollos pegajosos de croissant de naranja y almendras

INGREDIENTES

Para el relleno del bollo pegajoso:

1/2 taza de mantequilla sin sal, ablandada
1/2 taza de azúcar granulada
1/2 taza de azúcar moreno claro
1/4 taza de miel
1/2 cucharadita de sal
1 cucharadita de extracto de vainilla
1/2 cucharadita de extracto de almendras
1/2 taza de almendras en rodajas
2 cucharadas de ralladura de naranja
Para la masa de croissant:
1 libra de masa de croissant
harina para espolvorear

INSTRUCCIONES

Precaliente el horno a 375°F.

En un tazón mediano, bata la mantequilla ablandada, el azúcar granulada, el azúcar moreno claro, la miel, la sal, el extracto de vainilla y el extracto de almendras hasta que quede suave.

Agregue las almendras rebanadas y la ralladura de naranja.

En una superficie ligeramente enharinada, extienda la masa de croissant en un rectángulo grande, de aproximadamente 1/4 de pulgada de grosor.

Extienda el relleno del bollo pegajoso de manera uniforme sobre la masa de croissant.

Comenzando desde el lado largo, enrolle la masa firmemente en un tronco.

Con un cuchillo afilado, corte el tronco en 12 piezas iguales.

Coloque las piezas, con el lado cortado hacia arriba, en una fuente para hornear cuadrada de 9 pulgadas engrasada.

Hornee durante 25-30 minutos, o hasta que los bollos estén dorados y el relleno esté burbujeante.

Retire del horno y deje enfriar durante 5-10 minutos.

Invierta los bollos pegajosos en una fuente grande para servir.

¡Sirva caliente y disfrute de sus deliciosos bollos pegajosos de croissant de naranja y almendras!

19. Croissants De Ensalada De Mariscos

INGREDIENTES

1/2 libra de camarones cocidos, pelados y desvenados
1/2 libra de carne de cangrejo cocida
1/2 taza de mayonesa
2 cucharadas de crema agria
1 cucharada de mostaza Dijon
1 cucharada de jugo de limón
1 cucharada de eneldo fresco picado
1 cucharada de cebollín fresco picado
Sal y pimienta para probar
4 medialunas
Hojas de lechuga
Tomate en rodajas (opcional)

INSTRUCCIONES

En un tazón mediano, combine los camarones cocidos y la carne de cangrejo.

En un recipiente aparte, mezcle la mayonesa, la crema agria, la mostaza Dijon, el jugo de limón, el eneldo, el cebollino, la sal y la pimienta hasta que quede suave.

Vierta el aderezo sobre los mariscos y revuelva para cubrir.

Cortar los croissants por la mitad a lo largo.

Coloque las hojas de lechuga y el tomate en rodajas (si se usa) en capas en la mitad inferior de cada croissant.

Vierta la ensalada de mariscos sobre la lechuga y el tomate.

Vuelva a colocar la mitad superior de cada croissant.

¡Sirve y disfruta de tus deliciosos Croissants de Ensalada de Mariscos!

20. Croissant de pollo asado al pesto a la plancha

INGREDIENTES

2 medialunas grandes
2 pechugas de pollo deshuesadas y sin piel
Sal y pimienta para probar
1/4 taza pesto
4 rebanadas de queso mozzarella
2 cucharadas de mantequilla sin sal

INSTRUCCIONES

Precaliente una parrilla o sartén a fuego medio-alto.
Sazone las pechugas de pollo con sal y pimienta.
Asa las pechugas de pollo durante 6-8 minutos por lado, o hasta que estén bien cocidas.
Cortar los croissants por la mitad a lo largo.
Extienda 1-2 cucharadas de pesto en cada mitad de los croissants.
Coloque una rebanada de queso mozzarella en la mitad de cada croissant.
Cubra el queso con una pechuga de pollo a la parrilla.
Cierra el croissant con la otra mitad.
Derrita 1 cucharada de mantequilla en una sartén antiadherente o en una plancha a fuego medio.
Coloque los croissants en la sartén o plancha y cocine durante 2-3 minutos por lado, o hasta que el queso se derrita y los croissants estén crujientes y dorados.
Retire de la sartén o plancha y deje enfriar por un minuto.
¡Sirve y disfruta de tu delicioso Croissant de Pollo al Pesto a la Plancha!

21. Jamón y Queso Caliente Gourmet

INGREDIENTES

2 medialunas grandes
4 rebanadas de jamón
4 rebanadas de queso suizo
1 cucharada de mostaza Dijon
1 cucharada de miel
1 cucharada de mantequilla sin sal
Perejil fresco, picado (opcional)

INSTRUCCIONES

Precaliente el horno a 375°F.
Cortar los croissants por la mitad a lo largo.
Extienda 1/2 cucharada de mostaza Dijon en la mitad inferior de cada croissant.
Cubra la mostaza con 2 rebanadas de jamón y 2 rebanadas de queso suizo.
Rocíe 1/2 cucharada de miel sobre el queso.
Cierra el croissant con la mitad superior.
Derrita 1/2 cucharada de mantequilla en una sartén antiadherente a fuego medio.
Coloque los croissants en la sartén y cocine durante 1-2 minutos por lado, o hasta que el queso se derrita y los croissants estén dorados.
Transfiera los croissants a una bandeja para hornear.
Hornee en el horno precalentado durante 5-7 minutos, o hasta que los croissants estén bien calientes.
Retire del horno y deje enfriar por un minuto.
Espolvorea perejil picado sobre los croissants, si los usas.
¡Sirve y disfruta de tu delicioso Croissant Caliente Gourmet de Jamón y Queso!

22. Croissant De Bistec Frites Con Queso Azul

INGREDIENTES
2 medialunas grandes
1 libra de bistec de falda
Sal y pimienta para probar
2 cucharadas de aceite de oliva
1 cucharada de mantequilla sin sal
1/2 taza de queso azul desmenuzado
1 cucharada de perejil fresco picado (opcional)
papas fritas (para servir)

INSTRUCCIONES
Precaliente el horno a 375°F.
Sazone el filete de flanco con sal y pimienta.
Caliente 2 cucharadas de aceite de oliva en una sartén grande a fuego medio-alto.
Agregue el bistec a la sartén y cocine durante 3-4 minutos por lado, o hasta que esté cocido al punto deseado.
Retire el bistec de la sartén y déjelo reposar durante unos minutos antes de cortarlo en rodajas finas contra el grano.
Cortar los croissants por la mitad a lo largo.
Coloque algunas rebanadas de bistec en la mitad inferior de cada croissant.
Cubra el bistec con queso azul desmenuzado.
Cierra el croissant con la mitad superior.
Derrita 1/2 cucharada de mantequilla en una sartén antiadherente a fuego medio.
Coloque los croissants en la sartén y cocine durante 1-2 minutos por lado, o hasta que el queso se derrita y los croissants estén dorados.
Transfiera los croissants a una bandeja para hornear.
Hornee en el horno precalentado durante 5-7 minutos, o hasta que los croissants estén bien calientes.
Retire del horno y deje enfriar por un minuto.
Espolvorea perejil picado sobre los croissants, si los usas.
¡Sirve con papas fritas y disfruta de tu delicioso croissant de bistec con papas fritas y queso azul desmenuzado!

CROSSANTS DE NUECES

23. Croissants De Pistacho

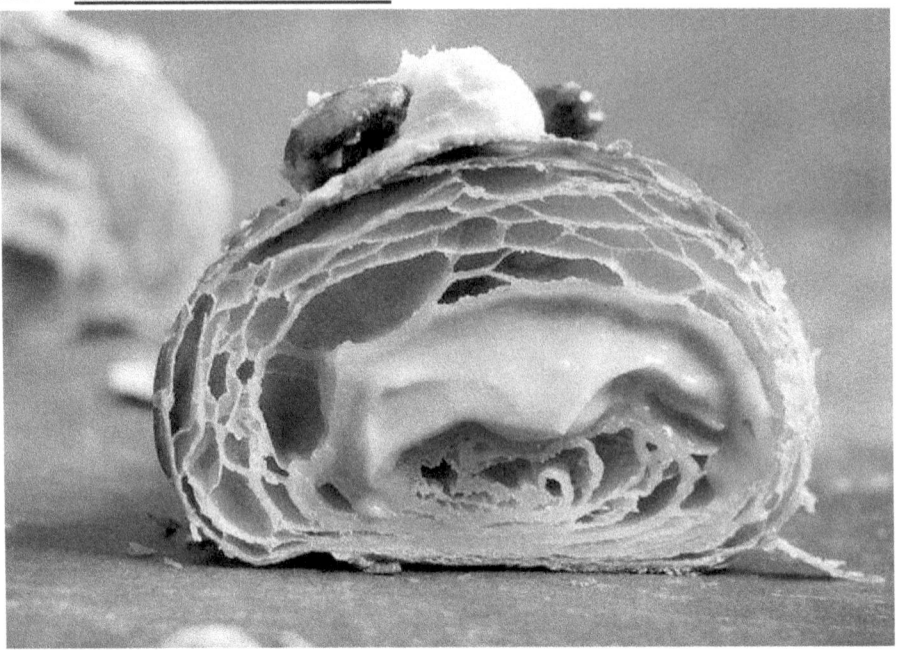

INGREDIENTES
Masa básica de croissant (ver receta arriba)
1 taza de pistachos, picados
1/4 taza de azúcar granulada
1/4 taza de mantequilla sin sal, ablandada
1 huevo batido con 1 cucharada de agua

INSTRUCCIONES
Estirar la masa de croissant en un rectángulo grande.
Cortar la masa en triángulos.
En un tazón, combine los pistachos picados, el azúcar y la mantequilla blanda.
Extienda la mezcla de pistacho en la mitad inferior de cada croissant.
Vuelva a colocar la mitad superior del croissant y presione hacia abajo suavemente.
Coloque los croissants en una bandeja para hornear forrada, cepille con huevo batido y deje crecer durante 1 hora.
Precaliente el horno a 400 °F (200 °C) y hornee los croissants durante 20-25 minutos hasta que estén dorados.

24. Croissants De Chocolate Con Avellanas

INGREDIENTES

Masa básica de croissant (ver receta arriba)
1/2 taza de avellanas picadas
1/2 taza de chispas de chocolate
1/4 taza de azúcar granulada
1/4 taza de mantequilla sin sal, ablandada
1 huevo batido con 1 cucharada de agua

INSTRUCCIONES

Estirar la masa de croissant en un rectángulo grande.
Cortar la masa en triángulos.
En un tazón, combine las avellanas picadas, las chispas de chocolate, el azúcar y la mantequilla blanda.
Extienda la mezcla de chocolate con avellanas en la mitad inferior de cada croissant.
Vuelva a colocar la mitad superior del croissant y presione hacia abajo suavemente.
Coloque los croissants en una bandeja para hornear forrada, cepille con huevo batido y deje crecer durante 1 hora.
Precaliente el horno a 400 °F (200 °C) y hornee los croissants durante 20-25 minutos hasta que estén dorados.

25. Croissants de nuez y canela

INGREDIENTES

Masa básica de croissant (ver receta arriba)
1 taza de nueces, picadas
1/4 taza de azúcar granulada
1/4 taza de mantequilla sin sal, ablandada
1 cucharadita de canela
1 huevo batido con 1 cucharada de agua

INSTRUCCIONES

Estirar la masa de croissant en un rectángulo grande.
Cortar la masa en triángulos.
En un tazón, combine las nueces picadas, el azúcar, la mantequilla blanda y la canela.
Extienda la mezcla de nueces en la mitad inferior de cada croissant.
Vuelva a colocar la mitad superior del croissant y presione hacia abajo suavemente.
Coloque los croissants en una bandeja para hornear forrada, cepille con huevo batido y deje crecer durante 1 hora.
Precaliente el horno a 400 °F (200 °C) y hornee los croissants durante 20-25 minutos hasta que estén dorados.

26. <u>**Croissants De Nuez**</u>

INGREDIENTES

Masa básica de croissant (ver receta arriba)
1 taza de nueces picadas
1/4 taza de azúcar granulada
1/4 taza de mantequilla sin sal, ablandada
1 huevo batido con 1 cucharada de agua

INSTRUCCIONES

Estirar la masa de croissant en un rectángulo grande.

Cortar la masa en triángulos.

En un tazón, combine las nueces picadas, el azúcar y la mantequilla blanda.

Extienda la mezcla de nueces en la mitad inferior de cada croissant.

Vuelva a colocar la mitad superior del croissant y presione hacia abajo suavemente.

Coloque los croissants en una bandeja para hornear forrada, cepille con huevo batido y deje crecer durante 1 hora.

Precaliente el horno a 400 °F (200 °C) y hornee los croissants durante 20-25 minutos hasta que estén dorados.

27. Croissants de frutos secos mixtos

INGREDIENTES

Masa básica de croissant (ver receta arriba)
1/2 taza de almendras picadas
1/2 taza de avellanas picadas
1/2 taza de pecanas, picadas
1/4 taza de azúcar granulada
1/4 taza de mantequilla sin sal, ablandada
1 huevo batido con 1 cucharada de agua

INSTRUCCIONES

Estirar la masa de croissant en un rectángulo grande.
Cortar la masa en triángulos.
En un tazón, combine las almendras picadas, las avellanas, las nueces, el azúcar y la mantequilla blanda.
Extienda la mezcla de frutos secos sobre la mitad inferior de cada croissant.
Vuelva a colocar la mitad superior del croissant y presione hacia abajo suavemente.
Coloque los croissants en una bandeja para hornear forrada, cepille con huevo batido y deje crecer durante 1 hora.
Precaliente el horno a 400 °F (200 °C) y hornee los croissants durante 20-25 minutos hasta que estén dorados.

28. Croissants De Chocolate Y Avellanas

INGREDIENTES

Masa básica de croissant (ver receta arriba)
1/2 taza de Nutella o chocolate con avellanas para untar
1/4 taza de avellanas picadas
1 huevo batido con 1 cucharada de agua

INSTRUCCIONES

Estirar la masa de croissant en un rectángulo grande.
Cortar la masa en triángulos.
Extienda una capa delgada de Nutella en la mitad inferior de cada croissant.
Espolvorear avellanas picadas sobre la Nutella.
Vuelva a colocar la mitad superior del croissant y presione hacia abajo suavemente.
Coloque los croissants en una bandeja para hornear forrada, cepille con huevo batido y deje crecer durante 1 hora.
Precaliente el horno a 400 °F (200 °C) y hornee los croissants durante 20-25 minutos hasta que estén dorados.

29.   Croissants Joy de Almendras

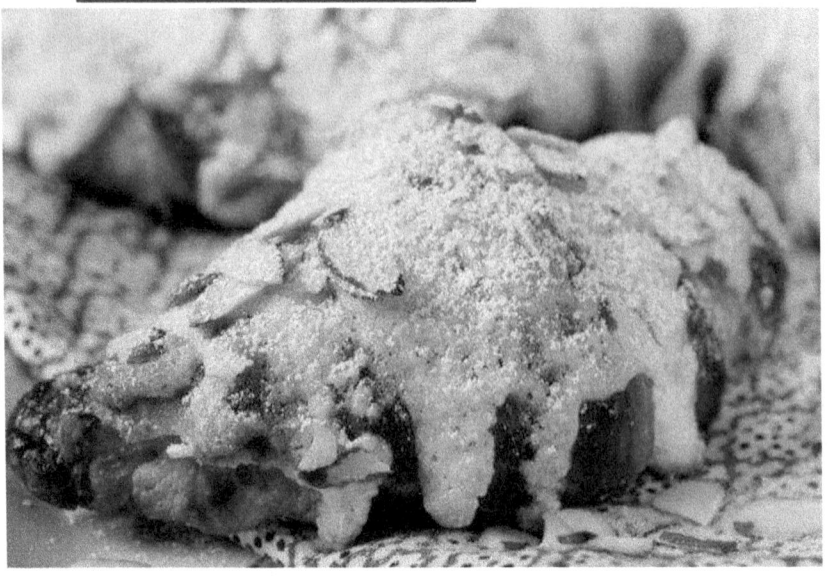

INGREDIENTES

Masa básica de croissant (ver receta arriba)
1/2 taza de coco rallado endulzado
1/2 taza de almendras picadas
1/2 taza de chispas de chocolate semidulce
1 huevo batido con 1 cucharada de agua

INSTRUCCIONES

Estirar la masa de croissant en un rectángulo grande.
Cortar la masa en triángulos.
En un tazón, combine el coco rallado, las almendras picadas y las chispas de chocolate.
Extienda la mezcla de coco en la mitad inferior de cada croissant.
Vuelva a colocar la mitad superior del croissant y presione hacia abajo suavemente.
Coloque los croissants en una bandeja para hornear forrada, cepille con huevo batido y deje crecer durante 1 hora.
Precaliente el horno a 400 °F (200 °C) y hornee los croissants durante 20-25 minutos hasta que estén dorados.

30. Croissants De Almendras

INGREDIENTES

6 croissants, del día anterior
1 taza de harina de almendras
1/2 taza de azúcar en polvo
1/4 taza de mantequilla sin sal, ablandada
1 huevo
1 cucharadita de extracto de vainilla
1/2 cucharadita de extracto de almendras
1/4 cucharadita de sal
1/4 taza de almendras rebanadas
Azúcar en polvo para espolvorear

INSTRUCCIONES

Precaliente el horno a 350°F (175°C).

Cortar los croissants por la mitad a lo largo y reservar.

En un tazón, combine la harina de almendras, el azúcar en polvo, la mantequilla, el huevo, el extracto de vainilla, el extracto de almendras y la sal.

Extienda la mezcla de almendras en la mitad inferior de cada croissant y espolvoree con almendras rebanadas.

Vuelva a colocar la mitad superior del croissant y presione hacia abajo suavemente.

Coloque los croissants en una bandeja para hornear y hornee durante 15-20 minutos hasta que el relleno esté dorado y el croissant esté crujiente.

Espolvoree con azúcar en polvo antes de servir.

31. Croissants de frambuesa y almendras

INGREDIENTES

Masa básica de croissant (ver receta arriba)
1/2 taza de mermelada de frambuesa
1/2 taza de almendras en rodajas
1 huevo batido con 1 cucharada de agua

INSTRUCCIONES

Estirar la masa de croissant en un rectángulo grande.
Extienda la mermelada de frambuesa uniformemente sobre la superficie de la masa.
Espolvorear las almendras laminadas sobre la mermelada.
Cortar la masa en triángulos.
Enrolle cada triángulo en forma de croissant.
Coloque los croissants en una bandeja para hornear forrada, cepille con huevo batido y deje crecer durante 1 hora.
Precaliente el horno a 400 °F (200 °C) y hornee los croissants durante 20-25 minutos hasta que estén dorados.

CROSSANTS DE FRUTAS

32. Croissants de arándanos

INGREDIENTES

Masa básica de croissant (ver receta arriba)
1 taza de arándanos frescos
1/4 taza de azúcar granulada
1 cucharada de maicena
1 huevo batido con 1 cucharada de agua

INSTRUCCIONES

Estirar la masa de croissant en un rectángulo grande.
En un tazón pequeño, mezcle los arándanos, el azúcar y la maicena.
Extienda la mezcla de arándanos de manera uniforme sobre la superficie de la masa.
Cortar la masa en triángulos.
Enrolle cada triángulo en forma de croissant.
Coloque los croissants en una bandeja para hornear forrada, cepille con huevo batido y deje crecer durante 1 hora.
Precaliente el horno a 400 °F (200 °C) y hornee los croissants durante 20-25 minutos hasta que estén dorados.

33. Croissants de frambuesa

INGREDIENTES

Masa básica de croissant (ver receta arriba)
1 taza de frambuesas frescas
1/4 taza de azúcar granulada
1 huevo batido con 1 cucharada de agua

INSTRUCCIONES

Estirar la masa de croissant en un rectángulo grande.
Cortar la masa en triángulos.
Coloque frambuesas frescas en cada croissant.
Espolvorea azúcar granulada sobre las frambuesas.
Enrolle cada triángulo hacia arriba, comenzando desde el extremo ancho, y forme una media luna.
Coloque los croissants en una bandeja para hornear forrada y deje crecer durante 1 hora.
Precaliente el horno a 400°F (200°C) y hornee los croissants durante 20-25 minutos hasta que estén dorados.

34. Croissants De Durazno

INGREDIENTES

Masa básica de croissant (ver receta arriba)
2 duraznos maduros, pelados y cortados en cubitos
1/4 taza de azúcar granulada
1/2 cucharadita de canela molida
1 huevo batido con 1 cucharada de agua

INSTRUCCIONES

Estirar la masa de croissant en un rectángulo grande.
En un tazón pequeño, mezcle los duraznos cortados en cubitos, el azúcar y la canela.
Extienda la mezcla de durazno uniformemente sobre la superficie de la masa.
Cortar la masa en triángulos.
Enrolle cada triángulo en forma de croissant.
Coloque los croissants en una bandeja para hornear forrada, cepille con huevo batido y deje crecer durante 1 hora.
Precaliente el horno a 400 °F (200 °C) y hornee los croissants durante 20-25 minutos hasta que estén dorados.

35. Croissants de bayas mixtas

INGREDIENTES

Masa básica de croissant (ver receta arriba)
1/2 taza de bayas mixtas (como arándanos, frambuesas y moras)
1/4 taza de azúcar granulada
1 cucharada de maicena
1 huevo batido con 1 cucharada de agua

INSTRUCCIONES

Estirar la masa de croissant en un rectángulo grande.
En un tazón pequeño, mezcle las bayas mixtas, el azúcar y la maicena.
Extienda la mezcla de bayas uniformemente sobre la superficie de la masa.
Cortar la masa en triángulos.
Enrolle cada triángulo en forma de croissant.
Coloque los croissants en una bandeja para hornear forrada, cepille con huevo batido y deje crecer durante 1 hora.
Precaliente el horno a 400 °F (200 °C) y hornee los croissants durante 20-25 minutos hasta que estén dorados.

36. Horneado De Croissant De Buñuelo De Manzana

Rinde: 6 porciones

INGREDIENTES

- 6 cucharadas mantequilla sin sal
- ½ taza de azúcar moreno claro
- 3 manzanas Granny Smith, sin corazón y cortadas en cubitos
- 3 manzanas Fuji, sin corazón y cortadas en cubitos
- ½ taza más 1 cucharada. Mantequilla de manzana
- 1 cucharadita de maicena
- 6 croissants grandes, en cubos
- ½ taza de crema espesa
- 3 huevos batidos
- 1 cucharadita de extracto de vainilla
- ¼ de cucharadita de especias para pastel de manzana
- ½ taza de azúcar en polvo

INSTRUCCIONES

a) Precalentar el horno a 375°. Rocíe un molde para hornear de 9 x 13 con spray antiadherente para cocinar. En una sartén grande a fuego medio, agregue la mantequilla. Cuando la mantequilla se derrita, agregue el azúcar moreno. Revuelva hasta que el azúcar moreno se disuelva.

b) Agregue las manzanas a la sartén. Revuelva hasta que esté combinado. Cocine por 6 minutos o hasta que las manzanas se ablanden. Agregue 1 cucharada de mantequilla de manzana y la maicena a la sartén. Revuelva hasta que esté combinado. Retire la sartén del fuego.

c) Distribuya los cubos de croissant en el molde para hornear. Coloque las manzanas encima. En un tazón, agregue la crema espesa, los huevos, el extracto de vainilla, las especias para pastel de manzana y ½ taza de mantequilla de manzana. Batir hasta que se mezclen y verter sobre la parte superior de la cacerola.

d) Asegúrese de que los cubos de croissant estén cubiertos con el líquido.

e) Hornea por 25 minutos o hasta que la cacerola esté cuajada en el centro.

f) Retire del horno y espolvoree el azúcar en polvo por encima. Servir tibio.

37. Croissants de arándanos y limón

INGREDIENTES

Masa básica de croissant (ver receta arriba)
1/2 taza de arándanos
2 cucharadas de azúcar granulada
1 cucharada de maicena
1 cucharada de ralladura de limón
1 huevo batido con 1 cucharada de agua

INSTRUCCIONES

Estirar la masa de croissant en un rectángulo grande.
En un tazón pequeño, mezcle los arándanos, el azúcar, la maicena y la ralladura de limón.
Extienda la mezcla de arándanos de manera uniforme sobre la superficie de la masa.
Cortar la masa en triángulos.
Enrolle cada triángulo en forma de croissant.
Coloque los croissants en una bandeja para hornear forrada, cepille con huevo batido y deje crecer durante 1 hora.
Precaliente el horno a 400 °F (200 °C) y hornee los croissants durante 20-25 minutos hasta que estén dorados.

38. Croissants de arándanos y naranja

INGREDIENTES

1 hoja de hojaldre, descongelada
1/4 taza de salsa de arándanos
1/4 taza de mermelada de naranja
1/4 taza de almendras fileteadas
1 huevo batido
Azúcar en polvo, para espolvorear

INSTRUCCIONES

Precaliente su horno a 375°F (190°C).
En una superficie ligeramente enharinada, extienda la masa de hojaldre en un rectángulo grande. Cortar la masa en 4 triángulos iguales.
En un tazón, combine la salsa de arándanos, la mermelada de naranja y las almendras picadas.
Extienda una cucharada de la mezcla en la parte más ancha de cada triángulo. Enrolle los croissants desde el extremo más ancho hacia la punta.
Coloque los croissants en una bandeja para hornear forrada con papel pergamino y cepille con el huevo batido.
Hornee durante 15-20 minutos, hasta que los croissants estén dorados y crujientes.
Espolvoree con azúcar en polvo antes de servir.

39. Croissants De Piña

INGREDIENTES

1 hoja de hojaldre, descongelada
1 lata de piña triturada, escurrida
1/4 taza de azúcar moreno
1/4 taza de mantequilla sin sal, derretida
1 huevo batido
Azúcar en polvo, para espolvorear

INSTRUCCIONES

Precaliente su horno a 375°F (190°C).
En una superficie ligeramente enharinada, extienda la masa de hojaldre en un rectángulo grande. Cortar la masa en 4 triángulos iguales.
En un tazón, combine la piña triturada, el azúcar morena y la mantequilla derretida.
Extienda una cucharada de la mezcla de piña en la parte más ancha de cada triángulo. Enrolle los croissants desde el extremo más ancho hacia la punta.
Coloque los croissants en una bandeja para hornear forrada con papel pergamino y cepille con el huevo batido.
Hornee durante 15-20 minutos, hasta que los croissants estén dorados y crujientes.
Espolvoree con azúcar en polvo antes de servir.

40. **Croissants De Ciruela**

INGREDIENTES

1 hoja de hojaldre, descongelada
4-5 ciruelas, en rodajas finas
2 cucharadas de miel
1/4 taza de harina de almendras
1 huevo batido
Azúcar en polvo, para espolvorear

INSTRUCCIONES

Precaliente su horno a 375°F (190°C).
En una superficie ligeramente enharinada, extienda la masa de hojaldre en un rectángulo grande. Cortar la masa en 4 triángulos iguales.
En un tazón, combine las ciruelas rebanadas, la miel y la harina de almendras.
Extienda una cucharada de la mezcla de ciruelas en la parte más ancha de cada triángulo. Enrolle los croissants desde el extremo más ancho hacia la punta.
Coloque los croissants en una bandeja para hornear forrada con papel pergamino y cepille con el huevo batido.
Hornee durante 15-20 minutos, hasta que los croissants estén dorados y crujientes.
Espolvoree con azúcar en polvo antes de servir.

CROSSANTS DE CARNE

41. <u>Croissants De Salchicha Y Huevo</u>

INGREDIENTES

Masa básica de croissant (ver receta arriba)
6 salchichas de desayuno cocidas, en rodajas
6 huevos grandes, revueltos
Sal y pimienta para probar
1 huevo batido con 1 cucharada de agua

INSTRUCCIONES

Estirar la masa de croissant en un rectángulo grande.
Cortar la masa en triángulos.
Coloque unas rebanadas de salchicha y una bola de huevos revueltos en cada croissant.
Espolvorear con sal y pimienta.
Vuelva a colocar la mitad superior del croissant y presione hacia abajo suavemente.
Coloque los croissants en una bandeja para hornear forrada, cepille con huevo batido y deje crecer durante 1 hora.
Precaliente el horno a 350 °F (175 °C) y hornee los croissants durante 15 a 20 minutos hasta que el huevo esté listo y el croissant esté crujiente.

42. Croissants De Jamón Y Queso

INGREDIENTES

6 medialunas
6 rebanadas de jamón
6 rebanadas de queso suizo
1 huevo batido con 1 cucharada de agua
Sal y pimienta para probar

INSTRUCCIONES

Precaliente el horno a 350°F (175°C).
Cortar los croissants por la mitad a lo largo y reservar.
Coloca una loncha de jamón y una loncha de queso sobre cada croissant.
Espolvorear con sal y pimienta.
Vuelva a colocar la mitad superior del croissant y presione hacia abajo suavemente.
Coloque los croissants en una bandeja para hornear y cepille con huevo batido.
Hornee durante 15-20 minutos hasta que el queso se derrita y el croissant esté crujiente.

43. Croissants De Salchicha Picante

INGREDIENTES

Masa básica de croissant (ver receta arriba)
6 salchichas picantes, cocidas y en rodajas
1/4 taza de queso pepper jack rallado
1 huevo batido con 1 cucharada de agua

INSTRUCCIONES

Estirar la masa de croissant en un rectángulo grande.

Cortar la masa en triángulos.

Extienda la salchicha picante en rodajas y el queso pepper jack rallado en la mitad inferior de cada croissant.

Vuelva a colocar la mitad superior del croissant y presione hacia abajo suavemente.

Coloque los croissants en una bandeja para hornear forrada, cepille con huevo batido y deje crecer durante 1 hora.

Precaliente el horno a 400 °F (200 °C) y hornee los croissants durante 20-25 minutos hasta que estén dorados.

44. Croissants picantes de pollo Buffalo

INGREDIENTES

Masa básica de croissant (ver receta arriba)
1 taza de pollo cocido desmenuzado
1/4 taza de salsa de búfalo
1/4 taza de queso azul desmenuzado
1 huevo batido con 1 cucharada de agua
INSTRUCCIONES

Estirar la masa de croissant en un rectángulo grande.
Cortar la masa en triángulos.
En un tazón, combine el pollo cocido desmenuzado, la salsa de búfalo y el queso azul desmenuzado.
Extienda la mezcla de pollo en la mitad inferior de cada croissant.
Vuelva a colocar la mitad superior del croissant y presione hacia abajo suavemente.
Coloque los croissants en una bandeja para hornear forrada, cepille con huevo batido y deje crecer durante 1 hora.
Precaliente el horno a 400 °F (200 °C) y hornee los croissants durante 20-25 minutos hasta que estén dorados.

45. Croissants De Chorizo Picante

INGREDIENTES
Masa básica de croissant (ver receta arriba)
6 onzas. chorizo, desmenuzado y cocido
1/4 taza de queso pepper jack rallado
1/4 taza de tomates cortados en cubitos
1 huevo batido con 1 cucharada de agua
INSTRUCCIONES
Estirar la masa de croissant en un rectángulo grande.
Cortar la masa en triángulos.
Extienda el chorizo cocido desmenuzado, el queso pepper jack rallado y los tomates cortados en cubitos en la mitad inferior de cada croissant.
Vuelva a colocar la mitad superior del croissant y presione hacia abajo suavemente.
Coloque los croissants en una bandeja para hornear forrada, cepille con huevo batido y deje crecer durante 1 hora.
Precaliente el horno a 400 °F (200 °C) y hornee los croissants durante 20-25 minutos hasta que estén dorados.

46. Croissants picantes de pepperoni

INGREDIENTES

Masa básica de croissant (ver receta arriba)
6 onzas. pepperoni en rodajas
1/4 taza de queso mozzarella rallado
1/4 taza de pimientos verdes cortados en cubitos
1 huevo batido con 1 cucharada de agua

INSTRUCCIONES

Estirar la masa de croissant en un rectángulo grande.
Cortar la masa en triángulos.
Extienda el pepperoni en rodajas, el queso mozzarella rallado y los pimientos verdes cortados en cubitos en la mitad inferior de cada croissant.
Vuelva a colocar la mitad superior del croissant y presione hacia abajo suavemente.
Coloque los croissants en una bandeja para hornear forrada, cepille con huevo batido y deje crecer durante 1 hora.
Precaliente el horno a 400 °F (200 °C) y hornee los croissants durante 20-25 minutos hasta que estén dorados.

47. **Estratos de croissant de mantequilla con prosciutto**

Hace: 8

INGREDIENTES
- 3 cucharadas de mantequilla salada, en rodajas finas, y más para engrasar
- 6 croissants, cortados en tercios
- 8 huevos grandes
- 3 tazas de leche entera
- 1 cucharada de mostaza Dijon
- 1 cucharada de salvia fresca picada
- ¼ de cucharadita de nuez moscada recién rallada
- Sal kosher y pimienta recién molida
- 12 onzas de espinacas congeladas, descongeladas y exprimidas
- 1½ tazas de queso Gouda rallado
- 1½ tazas de queso Gruyere rallado
- 3 onzas de prosciutto en rodajas finas, desgarrado

INSTRUCCIONES

a) Precaliente el horno a 350°F. Engrase una fuente para hornear de 9 × 13 pulgadas.

b) Coloque los croissants en el fondo de la fuente para hornear y cúbralos con la mantequilla en rodajas. Hornee hasta que esté ligeramente tostado, de 5 a 8 minutos. Retire y deje enfriar en la sartén hasta que ya no esté caliente al tacto, aproximadamente 10 minutos.

c) En un tazón mediano, mezcle los huevos, la leche, la mostaza, la salvia, la nuez moscada y una pizca de sal y pimienta. Agregue las espinacas y ¾ de taza de cada queso. Vierta con cuidado la mezcla sobre los croissants tostados, distribuyéndola uniformemente. Cubra con el queso restante y agregue el prosciutto para terminar. Cubra y refrigere por al menos 30 minutos o toda la noche.

d) Cuando esté listo para hornear, retire los estratos del refrigerador y precaliente el horno a 350 °F.

e) Hornee hasta que el centro de los estratos esté firme, unos 45 minutos. Si los croissants comienzan a dorarse antes de que los estratos terminen de cocinarse, cúbralos con papel aluminio y continúe horneando.

f) Retire los estratos del horno y deje enfriar durante 5 minutos antes de servir.

CROSSANTS CON ESPECIAS

48. Croissants de canela y azúcar

INGREDIENTES

Masa básica de croissant (ver receta arriba)
1/4 taza de azúcar granulada
1 cucharada de canela molida
1/2 taza de mantequilla sin sal, derretida

INSTRUCCIONES

Estirar la masa de croissant en un rectángulo grande.
Cortar la masa en triángulos.
En un tazón pequeño, combine el azúcar y la canela.
Cepille cada croissant con mantequilla derretida y espolvoree con azúcar de canela.
Enrolle cada triángulo hacia arriba, comenzando desde el extremo ancho, y forme una media luna.
Coloque los croissants en una bandeja para hornear forrada y deje crecer durante 1 hora.
Precaliente el horno a 400 °F (200 °C) y hornee los croissants durante 20-25 minutos hasta que estén dorados.

49. Croissants picantes de jalapeño

INGREDIENTES
Masa básica de croissant (ver receta arriba)
2 jalapeños, sin semillas y cortados en cubitos
1/4 taza de queso cheddar rallado
1/4 cucharadita de comino
1 huevo batido con 1 cucharada de agua
Sal y pimienta para probar

INSTRUCCIONES
Estirar la masa de croissant en un rectángulo grande.
Cortar la masa en triángulos.
En un tazón, combine los jalapeños cortados en cubitos, el queso cheddar rallado, el comino, la sal y la pimienta.
Extienda la mezcla de jalapeño en la mitad inferior de cada croissant.
Vuelva a colocar la mitad superior del croissant y presione hacia abajo suavemente.
Coloque los croissants en una bandeja para hornear forrada, cepille con huevo batido y deje crecer durante 1 hora.
Precaliente el horno a 400 °F (200 °C) y hornee los croissants durante 20-25 minutos hasta que estén dorados.

50. Croissants de cardamomo

INGREDIENTES

Masa básica de croissant (ver receta arriba)
2 cucharaditas de cardamomo molido
1/2 taza de mantequilla sin sal, derretida
1 huevo batido con 1 cucharada de agua

INSTRUCCIONES

Estirar la masa de croissant en un rectángulo grande.
En un tazón pequeño, mezcle el cardamomo molido y la mantequilla derretida.
Cepille la mezcla de mantequilla de cardamomo sobre la superficie de la masa.
Cortar la masa en triángulos.
Enrolle cada triángulo en forma de croissant.
Coloque los croissants en una bandeja para hornear forrada, cepille con huevo batido y deje crecer durante 1 hora.
Precaliente el horno a 400 °F (200 °C) y hornee los croissants durante 20-25 minutos hasta que estén dorados.

51. Croissants de pan de jengibre

INGREDIENTES

Masa básica de croissant (ver receta arriba)
2 cucharaditas de jengibre molido
1 cucharadita de canela molida
1/4 cucharadita de clavo molido
1/4 cucharadita de nuez moscada molida
1/2 taza de mantequilla sin sal, derretida
1/4 taza de melaza
1 huevo batido con 1 cucharada de agua

INSTRUCCIONES

Estirar la masa de croissant en un rectángulo grande.
En un tazón pequeño, mezcle el jengibre molido, la canela molida, el clavo molido, la nuez moscada molida, la mantequilla derretida y la melaza.
Cepille la mezcla de pan de jengibre sobre la superficie de la masa.
Cortar la masa en triángulos.
Enrolle cada triángulo en forma de croissant.
Coloque los croissants en una bandeja para hornear forrada, cepille con huevo batido y deje crecer durante 1 hora.
Precaliente el horno a 400 °F (200 °C) y hornee los croissants durante 20-25 minutos hasta que estén dorados.

52. croissants de curry

INGREDIENTES

Masa básica de croissant (ver receta arriba)
2 cucharaditas de curry en polvo
1/2 taza de mantequilla sin sal, derretida
1 huevo batido con 1 cucharada de agua

INSTRUCCIONES

Estirar la masa de croissant en un rectángulo grande.

En un tazón pequeño, mezcle el curry en polvo y la mantequilla derretida.

Cepille la mezcla de mantequilla de curry sobre la superficie de la masa.

Cortar la masa en triángulos.

Enrolle cada triángulo en forma de croissant.

Coloque los croissants en una bandeja para hornear forrada, cepille con huevo batido y deje crecer durante 1 hora.

Precaliente el horno a 400 °F (200 °C) y hornee los croissants durante 20-25 minutos hasta que estén dorados.

53. Croissants de pimentón

INGREDIENTES

Masa básica de croissant (ver receta arriba)
2 cucharaditas de pimentón
1/2 taza de mantequilla sin sal, derretida
1 huevo batido con 1 cucharada de agua

INSTRUCCIONES

Estirar la masa de croissant en un rectángulo grande.
En un tazón pequeño, mezcle el pimentón y la mantequilla derretida.
Cepille la mezcla de mantequilla de paprika sobre la superficie de la masa.
Cortar la masa en triángulos.
Enrolle cada triángulo en forma de croissant.
Coloque los croissants en una bandeja para hornear forrada, cepille con huevo batido y deje crecer durante 1 hora.
Precaliente el horno a 400 °F (200 °C) y hornee los croissants durante 20-25 minutos hasta que estén dorados.

54.　croissants de chile

INGREDIENTES

Masa básica de croissant (ver receta arriba)
1/2 cucharadita de chile en polvo
1/2 cucharadita de pimienta de cayena
1/2 taza de mantequilla sin sal, derretida
1 huevo batido con 1 cucharada de agua

INSTRUCCIONES

Estirar la masa de croissant en un rectángulo grande.
En un tazón pequeño, mezcle el chile en polvo, la pimienta de cayena y la mantequilla derretida.
Cepille la mezcla de mantequilla de chile sobre la superficie de la masa.
Cortar la masa en triángulos.
Enrolle cada triángulo en forma de croissant.
Coloque los croissants en una bandeja para hornear forrada, cepille con huevo batido y deje crecer durante 1 hora.
Precaliente el horno a 400 °F (200 °C) y hornee los croissants durante 20-25 minutos hasta que estén dorados.

55. Croissants de manzana y canela

INGREDIENTES

Masa básica de croissant (ver receta arriba)
2 manzanas, peladas y cortadas en cubitos
1/4 taza de azúcar granulada
1 cucharadita de canela molida
1/2 taza de mantequilla sin sal, derretida
1 huevo batido con 1 cucharada de agua

INSTRUCCIONES

Estirar la masa de croissant en un rectángulo grande.
En un tazón pequeño, mezcle las manzanas picadas, el azúcar y la canela.
Extienda la mezcla de manzana de manera uniforme sobre la superficie de la masa.
Cepille la mantequilla derretida sobre la superficie de la masa.
Cortar la masa en triángulos.
Enrolle cada triángulo en forma de croissant.
Coloque los croissants en una bandeja para hornear forrada, cepille con huevo batido y deje crecer durante 1 hora.
Precaliente el horno a 400 °F (200 °C) y hornee los croissants durante 20-25 minutos hasta que estén dorados.

CROSSANTS CON QUESO

56. Croissants de arándanos y queso crema

INGREDIENTES

Masa básica de croissant (ver receta arriba)
4 onzas de queso crema, ablandado
1/4 taza de mermelada de arándanos
1 huevo batido con 1 cucharada de agua
Azúcar en polvo para espolvorear

INSTRUCCIONES

Estirar la masa de croissant en un rectángulo grande.
Cortar la masa en triángulos.
En un tazón, combine el queso crema y las conservas de arándanos.
Extienda la mezcla de queso crema en la mitad inferior de cada croissant.
Vuelva a colocar la mitad superior del croissant y presione hacia abajo suavemente.
Coloque los croissants en una bandeja para hornear forrada, cepille con huevo batido y deje crecer durante 1 hora.
Precaliente el horno a 400 °F (200 °C) y hornee los croissants durante 20-25 minutos hasta que estén dorados.
Espolvoree con azúcar en polvo antes de servir.

57. Croissants de tocino y queso cheddar

INGREDIENTES

Masa básica de croissant (ver receta arriba)
6 rebanadas de tocino, cocidas y desmoronadas
1 taza de queso cheddar rallado
1 huevo batido con 1 cucharada de agua

INSTRUCCIONES

Estirar la masa de croissant en un rectángulo grande.
Cortar la masa en triángulos.
Espolvorea queso cheddar rallado y tocino desmenuzado en cada triángulo.
Enrolle cada triángulo hacia arriba, comenzando desde el extremo ancho, y forme una media luna.
Coloque los croissants en una bandeja para hornear forrada y deje crecer durante 1 hora.
Precaliente el horno a 400 °F (200 °C) y cepille los croissants con huevo batido.
Hornee los croissants durante 20-25 minutos hasta que estén dorados y el queso se derrita.

58. Croissants De Espinacas Y Feta

INGREDIENTES

Masa básica de croissant (ver receta arriba)
1 taza de espinacas frescas, picadas
1/2 taza de queso feta desmenuzado
1 huevo batido con 1 cucharada de agua

INSTRUCCIONES

Estirar la masa de croissant en un rectángulo grande.
Cortar la masa en triángulos.
Coloque las espinacas picadas y el queso feta desmenuzado en cada triángulo.
Enrolle cada triángulo hacia arriba, comenzando desde el extremo ancho, y forme una media luna.
Coloque los croissants en una bandeja para hornear forrada y deje crecer durante 1 hora.
Precaliente el horno a 400 °F (200 °C) y cepille los croissants con huevo batido.
Hornee los croissants durante 20-25 minutos hasta que estén dorados y el queso se derrita.

59. Croissants de requesón

Rinde: 12 rollos

INGREDIENTES

PARA LA MASA:
- ⅔ taza de leche
- 1¼ taza (150 g) de requesón ¼ taza (60 g, 2 onzas) de mantequilla
- 1 huevo
- ⅓ taza (60 g, 2,4 onzas) de azúcar
- 4 tazas (500 g, 18 onzas) de harina para todo uso
- 1 cucharadita de azúcar de vainilla
- 1½ cucharadita de levadura seca activa
- ½ cucharadita de sal

PARA ESMALTE:
- 1 yema de huevo
- 2 cucharadas de leche
- 2 cucharadas de almendras picadas

INSTRUCCIONES

a) Amasar la masa en una máquina de pan. Dejar reposar y leudar durante 45 minutos.

b) Estira la masa lista para cocinar en un círculo de 40 cm (16 pulgadas) de diámetro y divídela en 12 sectores triangulares. Enrolle cada triángulo hacia arriba, comenzando con su borde ancho.

c) Coloque los rollos en una bandeja para hornear cubierta con papel pergamino engrasado y úntelos con la mezcla de glaseado. Cubra con una toalla y deje reposar durante 30 minutos.

d) Precaliente el horno a 400 grados F (200 grados C).

e) Hornee en el horno precalentado hasta que estén doradas durante 15 minutos.

60. Croissants De Queso Crema De Fresa

INGREDIENTES
Masa básica de croissant (ver receta arriba)
4 onzas de queso crema, ablandado
1/4 taza de azúcar en polvo
1/2 cucharadita de extracto de vainilla
1/2 taza de fresas cortadas en cubitos
1 huevo batido con 1 cucharada de agua
INSTRUCCIONES
Estirar la masa de croissant en un rectángulo grande.
En un tazón pequeño, mezcle el queso crema, el azúcar en polvo y el extracto de vainilla.
Extienda la mezcla de queso crema uniformemente sobre la superficie de la masa.
Espolvorea las fresas picadas sobre la mezcla de queso crema.
Cortar la masa en triángulos.
Enrolle cada triángulo en forma de croissant.
Coloque los croissants en una bandeja para hornear forrada, cepille con huevo batido y deje crecer durante 1 hora.
Precaliente el horno a 400 °F (200 °C) y hornee los croissants durante 20-25 minutos hasta que estén dorados.

61.   Croissants de frambuesa y queso crema

INGREDIENTES

Masa básica de croissant (ver receta arriba)
4 onzas de queso crema, ablandado
1/4 taza de mermelada de frambuesa
1 huevo batido con 1 cucharada de agua
Azúcar en polvo para espolvorear

INSTRUCCIONES

Estirar la masa de croissant en un rectángulo grande.
Cortar la masa en triángulos.
En un tazón, combine el queso crema y las conservas de frambuesa.
Extienda la mezcla de queso crema en la mitad inferior de cada croissant.
Vuelva a colocar la mitad superior del croissant y presione hacia abajo suavemente.
Coloque los croissants en una bandeja para hornear forrada, cepille con huevo batido y deje crecer durante 1 hora.
Precaliente el horno a 400 °F (200 °C) y hornee los croissants durante 20-25 minutos hasta que estén dorados.
Espolvoree con azúcar en polvo antes de servir.

62. Croissants de melocotón y queso crema

INGREDIENTES
Masa básica de croissant (ver receta arriba)
1/2 taza de queso crema, ablandado
1/4 taza de azúcar en polvo
1/2 cucharadita de extracto de vainilla
1 durazno maduro, pelado y en rodajas
1 huevo batido con 1 cucharada de agua

INSTRUCCIONES
Estirar la masa de croissant en un rectángulo grande.
En un tazón pequeño, mezcle el queso crema, el azúcar en polvo y el extracto de vainilla.
Extienda la mezcla de queso crema uniformemente sobre la superficie de la masa.
Coloque los duraznos en rodajas sobre la mezcla de queso crema.
Cortar la masa en triángulos.
Enrolle cada triángulo en forma de croissant.
Coloque los croissants en una bandeja para hornear forrada, cepille con huevo batido y deje crecer durante 1 hora.
Precaliente el horno a 400 °F (200 °C) y hornee los croissants durante 20-25 minutos hasta que estén dorados.

63. Croissants de brie y manzana

INGREDIENTES
1 hoja de hojaldre, descongelada
4 onzas de queso brie, rebanado
1 manzana, en rodajas finas
1 huevo batido
Cariño, para rociar

INSTRUCCIONES
Siga las instrucciones para los Croissants de chocolate clásicos (Receta 1), pero reemplace el chocolate picado con queso brie y rodajas de manzana. Rocíe con miel antes de servir.

64. Croissants de pizza

INGREDIENTES
1 hoja de hojaldre, descongelada
1/2 taza de salsa para pizza
1/2 taza de queso mozzarella rallado
1/4 taza de pepperoni en rodajas
1 huevo batido
condimento italiano, para espolvorear
INSTRUCCIONES
Siga las instrucciones para los Croissants de chocolate clásicos (Receta 1), pero reemplace el chocolate picado con salsa para pizza, queso mozzarella rallado y pepperoni en rodajas. Espolvorea con condimento italiano antes de hornear.

CRUASAN FLORALES

65. Croissants De Lavanda Y Miel

INGREDIENTES
Masa básica de croissant (ver receta arriba)
1/4 taza de miel
1 cucharada de lavanda culinaria seca
1 huevo batido con 1 cucharada de agua
INSTRUCCIONES
Estirar la masa de croissant en un rectángulo grande.
Cortar la masa en triángulos.
En un tazón pequeño, mezcle la miel y la lavanda.
Extienda una capa delgada de miel de lavanda en la mitad inferior de cada croissant.
Vuelva a colocar la mitad superior del croissant y presione hacia abajo suavemente.
Coloque los croissants en una bandeja para hornear forrada, cepille con huevo batido y deje crecer durante 1 hora.
Precaliente el horno a 400 °F (200 °C) y hornee los croissants durante 20-25 minutos hasta que estén dorados.

66. Croissants de pétalos de rosa

INGREDIENTES

Masa básica de croissant (ver receta arriba)
1/4 taza de pétalos de rosa secos
1/4 taza de azúcar
1 huevo batido con 1 cucharada de agua

INSTRUCCIONES

Estirar la masa de croissant en un rectángulo grande.

Cortar la masa en triángulos.

En un tazón, combine los pétalos de rosa secos y el azúcar.

Espolvorea la mezcla de pétalos de rosa en la mitad inferior de cada croissant.

Vuelva a colocar la mitad superior del croissant y presione hacia abajo suavemente.

Coloque los croissants en una bandeja para hornear forrada, cepille con huevo batido y deje crecer durante 1 hora.

Precaliente el horno a 400 °F (200 °C) y hornee los croissants durante 20-25 minutos hasta que estén dorados.

67. Croissants de Azahar

INGREDIENTES

Masa básica de croissant (ver receta arriba)
1/4 taza de agua de azahar
1/4 taza de azúcar
1 huevo batido con 1 cucharada de agua

INSTRUCCIONES

Estirar la masa de croissant en un rectángulo grande.
Cortar la masa en triángulos.
En un tazón pequeño, mezcle el agua de azahar y el azúcar.
Extienda una capa delgada de la mezcla de azahar en la mitad inferior de cada croissant.
Vuelva a colocar la mitad superior del croissant y presione hacia abajo suavemente.
Coloque los croissants en una bandeja para hornear forrada, cepille con huevo batido y deje crecer durante 1 hora.
Precaliente el horno a 400 °F (200 °C) y hornee los croissants durante 20-25 minutos hasta que estén dorados.

68. Croissants de Manzanilla

INGREDIENTES
Masa básica de croissant (ver receta arriba)
1/4 taza de hojas de té de manzanilla
1/4 taza de azúcar
1 huevo batido con 1 cucharada de agua

INSTRUCCIONES
Estirar la masa de croissant en un rectángulo grande.
Cortar la masa en triángulos.
En un tazón, combine las hojas de té de manzanilla y el azúcar.
Espolvorea la mezcla de azúcar de manzanilla en la mitad inferior de cada croissant.
Vuelva a colocar la mitad superior del croissant y presione hacia abajo suavemente.
Coloque los croissants en una bandeja para hornear forrada, cepille con huevo batido y deje crecer durante 1 hora.
Precaliente el horno a 400 °F (200 °C) y hornee los croissants durante 20-25 minutos hasta que estén dorados.

69. croissants de hibisco

INGREDIENTES

Masa básica de croissant (ver receta arriba)
1/4 taza de flores de hibisco secas
1/4 taza de azúcar
1 huevo batido con 1 cucharada de agua

INSTRUCCIONES

Estirar la masa de croissant en un rectángulo grande.
Cortar la masa en triángulos.
En un tazón, combine las flores de hibisco secas y el azúcar.
Espolvorea la mezcla de azúcar de jamaica en la mitad inferior de cada croissant.
Vuelva a colocar la mitad superior del croissant y presione hacia abajo suavemente.
Coloque los croissants en una bandeja para hornear forrada, cepille con huevo batido y deje crecer durante 1 hora.
Precaliente el horno a 400 °F (200 °C) y hornee los croissants durante 20-25 minutos hasta que estén dorados.

70. Croissants de Jazmín

INGREDIENTES

Masa básica de croissant (ver receta arriba)
1/4 taza de hojas de té de jazmín
1/4 taza de azúcar
1 huevo batido con 1 cucharada de agua

INSTRUCCIONES

Estirar la masa de croissant en un rectángulo grande.
Cortar la masa en triángulos.
En un tazón, combine las hojas de té de jazmín y el azúcar.
Espolvorea la mezcla de azúcar de jazmín en la mitad inferior de cada croissant.
Vuelva a colocar la mitad superior del croissant y presione hacia abajo suavemente.
Coloque los croissants en una bandeja para hornear forrada, cepille con huevo batido y deje crecer durante 1 hora.
Precaliente el horno a 400 °F (200 °C) y hornee los croissants durante 20-25 minutos hasta que estén dorados.

CROSSANTS DE SEMILLAS

71. <u>Croissants clásicos de semillas de sésamo</u>

INGREDIENTES

1 1/2 tazas de harina para todo uso
1 1/2 cucharadita de levadura seca activa
1/4 taza de azúcar granulada
1/2 cucharadita de sal
2/3 taza de leche tibia
1/2 taza de mantequilla sin sal, ablandada
1 huevo batido
1/2 taza de semillas de sésamo

INSTRUCCIONES

En un tazón grande, combine la harina, la levadura, el azúcar y la sal. Mezclar bien.

Agregue la leche tibia y la mantequilla blanda al tazón y revuelva hasta que se forme una masa.

Amasar la masa sobre una superficie enharinada durante unos 10 minutos, hasta que quede suave y elástica.

Coloque la masa en un recipiente engrasado, cubra con un paño húmedo y déjela crecer en un lugar cálido durante aproximadamente 1 hora.

Precaliente su horno a 375°F (190°C).

Estirar la masa sobre una superficie enharinada en un rectángulo, de aproximadamente 1/4 de pulgada de espesor.

Corta la masa en triángulos y enrolla cada triángulo en forma de croissant.

Coloque los croissants en una bandeja para hornear forrada con papel pergamino.

Pintar los croissants con huevo batido y espolvorear semillas de sésamo por encima.

Hornee durante 15-20 minutos, o hasta que estén doradas.

72.   Croissants de semillas de amapola

INGREDIENTES

1 1/2 tazas de harina para todo uso
1 1/2 cucharadita de levadura seca activa
1/4 taza de azúcar granulada
1/2 cucharadita de sal
2/3 taza de leche tibia
1/2 taza de mantequilla sin sal, ablandada
1 huevo batido
1/2 taza de semillas de amapola

INSTRUCCIONES

Siga las mismas INSTRUCCIONES que los croissants clásicos de semillas de sésamo, pero espolvoree semillas de amapola sobre el huevo batido antes de aplicarlo sobre los croissants.

73. <u>Todo Bagel Croissants</u>

INGREDIENTES

1 1/2 tazas de harina para todo uso
1 1/2 cucharadita de levadura seca activa
1/4 taza de azúcar granulada
1/2 cucharadita de sal
2/3 taza de leche tibia
1/2 taza de mantequilla sin sal, ablandada
1 huevo batido
1/4 taza de semillas de sésamo
1/4 taza de semillas de amapola
1/4 taza de cebolla picada seca
1/4 taza de ajo picado seco
1 cucharada de sal gruesa

INSTRUCCIONES

Siga las mismas INSTRUCCIONES que los croissants clásicos de semillas de sésamo, pero en lugar de solo semillas de sésamo o amapola, mezcle las semillas de sésamo, las semillas de amapola, la cebolla seca, el ajo seco y la sal gruesa.

74. Croissants de semillas de lino

INGREDIENTES

1 1/2 tazas de harina para todo uso
1 1/2 cucharadita de levadura seca activa
1/4 taza de azúcar granulada
1/2 cucharadita de sal
2/3 taza de leche tibia
1/2 taza de mantequilla sin sal, ablandada
1 huevo batido
1/2 taza de semillas de lino

INSTRUCCIONES

En un tazón grande, combine la harina, la levadura, el azúcar y la sal. Mezclar bien.

Agregue la leche tibia y la mantequilla blanda al tazón y revuelva hasta que se forme una masa.

Amasar la masa sobre una superficie enharinada durante unos 10 minutos, hasta que quede suave y elástica.

Coloque la masa en un recipiente engrasado, cubra con un paño húmedo y déjela crecer en un lugar cálido durante aproximadamente 1 hora.

Precaliente su horno a 375°F (190°C).

Estirar la masa sobre una superficie enharinada en un rectángulo, de aproximadamente 1/4 de pulgada de espesor.

Corta la masa en triángulos y enrolla cada triángulo en forma de croissant.

Coloque los croissants en una bandeja para hornear forrada con papel pergamino.

Pintar los croissants con huevo batido y espolvorear semillas de lino por encima.

Hornee durante 15-20 minutos, o hasta que estén doradas.

75. Croissants de semillas de girasol

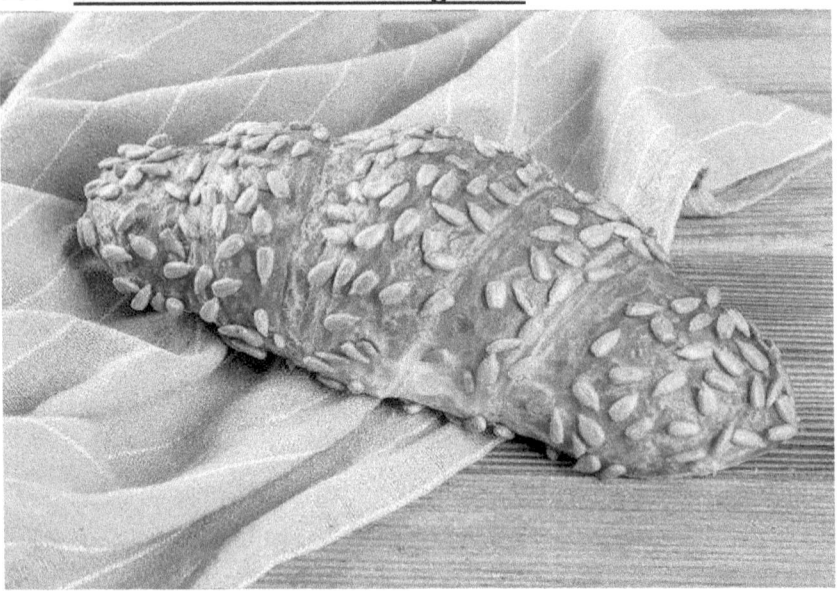

INGREDIENTES

1 1/2 tazas de harina para todo uso
1 1/2 cucharadita de levadura seca activa
1/4 taza de azúcar granulada
1/2 cucharadita de sal
2/3 taza de leche tibia
1/2 taza de mantequilla sin sal, ablandada
1 huevo batido
1/2 taza de semillas de girasol

INSTRUCCIONES

Siga las mismas INSTRUCCIONES que los Croissants clásicos de semillas de sésamo, pero espolvoree semillas de girasol sobre el huevo batido antes de aplicarlo sobre los croissants.

76. Croissants de semillas de calabaza

INGREDIENTES

1 1/2 tazas de harina para todo uso
1 1/2 cucharadita de levadura seca activa
1/4 taza de azúcar granulada
1/2 cucharadita de sal
2/3 taza de leche tibia
1/2 taza de mantequilla sin sal, ablandada
1 huevo batido
1/2 taza de semillas de calabaza

INSTRUCCIONES

Siga las mismas INSTRUCCIONES que los croissants clásicos de semillas de sésamo, pero espolvoree semillas de calabaza sobre el huevo batido antes de aplicarlo sobre los croissants.

77. Croissants de semillas de sésamo negro

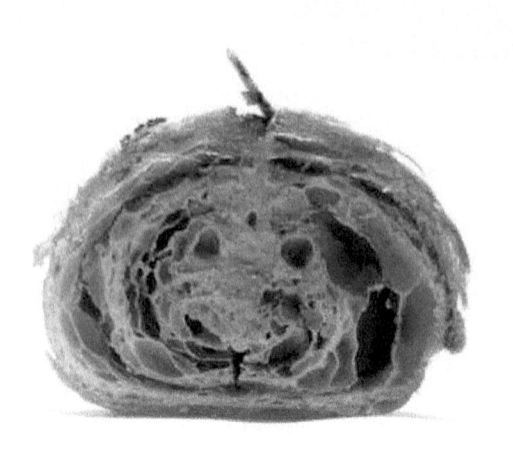

INGREDIENTES

1 1/2 tazas de harina para todo uso
1 1/2 cucharadita de levadura seca activa
1/4 taza de azúcar granulada
1/2 cucharadita de sal
2/3 taza de leche tibia
1/2 taza de mantequilla sin sal, ablandada
1 huevo batido
1/2 taza de semillas de sésamo negro

INSTRUCCIONES

Siga las mismas INSTRUCCIONES que los croissants clásicos de semillas de sésamo, pero use semillas de sésamo negro en lugar de semillas de sésamo regulares.

78. Croissants de semillas de cáñamo

INGREDIENTES

1 1/2 tazas de harina para todo uso
1 1/2 cucharadita de levadura seca activa
1/4 taza de azúcar granulada
1/2 cucharadita de sal
2/3 taza de leche tibia
1/2 taza de mantequilla sin sal, ablandada
1 huevo batido
1/2 taza de semillas de cáñamo

INSTRUCCIONES

Siga las mismas INSTRUCCIONES que los croissants clásicos de semillas de sésamo, pero espolvoree semillas de cáñamo sobre el huevo batido antes de aplicarlo sobre los croissants.

79. Croissants Multisemillas

INGREDIENTES

1 1/2 tazas de harina para todo uso
1 1/2 cucharadita de levadura seca activa
1/4 taza de azúcar granulada
1/2 cucharadita de sal
2/3 taza de leche tibia
1/2 taza de mantequilla sin sal, ablandada
1 huevo batido
1/4 taza de semillas de sésamo
1/4 taza de semillas de amapola
1/4 taza de semillas de calabaza
1/4 taza de semillas de girasol

INSTRUCCIONES

Siga las mismas INSTRUCCIONES que los croissants Everything Bagel, pero use una mezcla de semillas de sésamo, semillas de amapola, semillas de calabaza y semillas de girasol en lugar de cebolla y ajo secos.

80. Croissants de semillas de chía

INGREDIENTES

1 1/2 tazas de harina para todo uso
1 1/2 cucharadita de levadura seca activa
1/4 taza de azúcar granulada
1/2 cucharadita de sal
2/3 taza de leche tibia
1/2 taza de mantequilla sin sal, ablandada
1 huevo batido
1/2 taza de semillas de chía

INSTRUCCIONES

Siga las mismas INSTRUCCIONES que los Croissants clásicos de semillas de sésamo, pero espolvoree semillas de chía sobre el huevo batido antes de aplicarlo sobre los croissants.

81. Croissants de semillas de quinua

INGREDIENTES

1 1/2 tazas de harina para todo uso
1 1/2 cucharadita de levadura seca activa
1/4 taza de azúcar granulada
1/2 cucharadita de sal
2/3 taza de leche tibia
1/2 taza de mantequilla sin sal, ablandada
1 huevo batido
1/2 taza de semillas de quinua

INSTRUCCIONES

Siga las mismas INSTRUCCIONES que los Croissants Clásicos de Semillas de Sésamo, pero espolvoree semillas de quinoa sobre el huevo batido antes de aplicarlo sobre los croissants.

82. Croissants de semillas de alcaravea

INGREDIENTES

1 1/2 tazas de harina para todo uso
1 1/2 cucharadita de levadura seca activa
1/4 taza de azúcar granulada
1/2 cucharadita de sal
2/3 taza de leche tibia
1/2 taza de mantequilla sin sal, ablandada
1 huevo batido
1/2 taza de semillas de alcaravea
INSTRUCCIONES

Siga las mismas INSTRUCCIONES que los croissants clásicos de semillas de sésamo, pero use semillas de alcaravea en lugar de semillas de sésamo.

RELLENOS DULCES

83. Croissants de pastel de calabaza

INGREDIENTES

1 hoja de hojaldre, descongelada
1/2 taza de puré de calabaza
1/4 taza de azúcar moreno
1 cucharadita de canela molida
1/4 cucharadita de nuez moscada molida
1/4 cucharadita de jengibre molido
1/4 cucharadita de sal
1 huevo batido
Azúcar en polvo, para espolvorear

INSTRUCCIONES

Precaliente su horno a 400°F (200°C).
En un tazón pequeño, combine el puré de calabaza, el azúcar morena, la canela, la nuez moscada, el jengibre y la sal. Mezclar bien.
Desdoble la lámina de hojaldre sobre una superficie ligeramente enharinada. Corta la hoja en 6 triángulos.
Coloque una cucharada de la mezcla de calabaza en el extremo ancho de cada triángulo.
Enrolle la masa, comenzando desde el extremo ancho y metiendo los lados a medida que avanza.
Coloque los croissants en una bandeja para hornear forrada.
Pintar el huevo batido sobre los croissants.
Hornee durante 15-20 minutos o hasta que los croissants estén dorados.
Retire del horno y deje enfriar durante unos minutos antes de espolvorear con azúcar en polvo.
¡Sirve caliente y disfruta!

84. Croissants De Helado

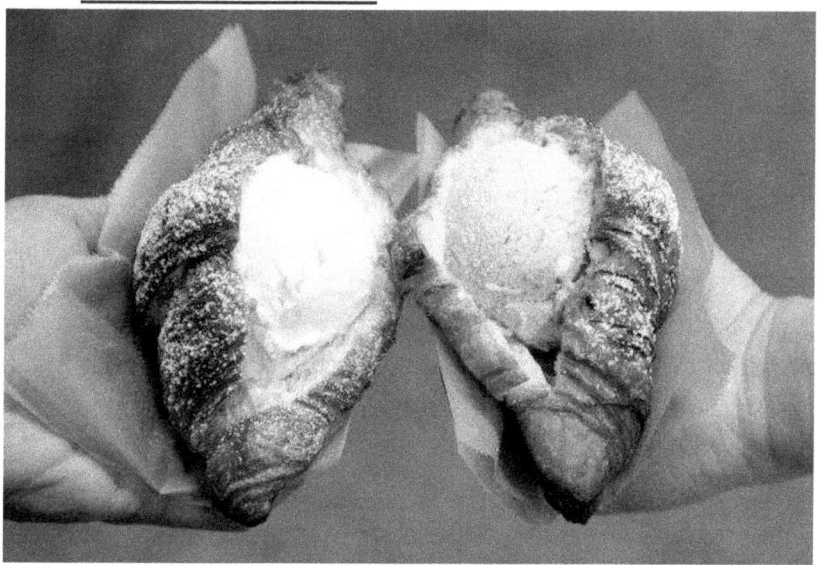

INGREDIENTES

1 hoja de hojaldre, descongelada
1 pinta de tu helado favorito, suavizado
1 huevo batido
Salsa de chocolate, para cubrir (opcional)
Azúcar impalpable, para espolvorear (opcional)

INSTRUCCIONES

Precaliente su horno a 400°F (200°C).
En una superficie ligeramente enharinada, extienda la lámina de hojaldre hasta que tenga un grosor de aproximadamente 1/8 de pulgada.
Cortar la lámina de hojaldre en 6 rectángulos.
Vierta una cucharada generosa de helado ablandado en la mitad de cada rectángulo.
Dobla la otra mitad de la masa de hojaldre sobre el helado y presiona los bordes para sellar.
Cepille el huevo batido sobre la parte superior de cada croissant de helado.
Coloque los croissants en una bandeja para hornear forrada y hornee durante 15-20 minutos o hasta que estén dorados.
Retire los croissants del horno y déjelos enfriar durante unos minutos.
Rocíe con salsa de chocolate y espolvoree con azúcar en polvo, si lo desea.
¡Sirve inmediatamente y disfruta!

85. croissants de manzana

INGREDIENTES

1 hoja de hojaldre, descongelada
2 manzanas medianas, peladas y picadas finamente
2 cucharadas de mantequilla sin sal
2 cucharadas de azúcar moreno
1 cucharadita de canela molida
1/4 cucharadita de nuez moscada molida
1/4 cucharadita de sal
1 huevo batido
Azúcar impalpable, para espolvorear (opcional)

INSTRUCCIONES

Precaliente su horno a 400°F (200°C).
En una sartén grande, derrita la mantequilla a fuego medio.
Agregue las manzanas picadas, el azúcar moreno, la canela, la nuez moscada y la sal a la sartén. Cocine durante 5-7 minutos o hasta que las manzanas estén tiernas.
En una superficie ligeramente enharinada, extienda la lámina de hojaldre hasta que tenga un grosor de aproximadamente 1/8 de pulgada.
Cortar la lámina de hojaldre en 6 triángulos.
Coloque una cucharada generosa de la mezcla de manzana en el extremo ancho de cada triángulo.
Enrolle la masa, comenzando desde el extremo ancho y metiendo los lados a medida que avanza.
Coloque los croissants en una bandeja para hornear forrada.
Pintar el huevo batido sobre los croissants.
Hornee durante 15-20 minutos o hasta que los croissants estén dorados.
Retire del horno y deje que se enfríe durante unos minutos antes de espolvorear con azúcar en polvo, si lo desea.
¡Sirve caliente y disfruta!

86. Croissants de tazas de mantequilla de maní

INGREDIENTES

1 hoja de hojaldre, descongelada
1/2 taza de mantequilla de maní cremosa
1/4 taza de azúcar en polvo
1/4 cucharadita de sal
1/2 taza de chispas de chocolate
1 huevo batido

INSTRUCCIONES

Precaliente su horno a 400°F (200°C).

En un tazón pequeño, combine la mantequilla de maní, el azúcar en polvo y la sal. Mezclar bien.

Desdoble la lámina de hojaldre sobre una superficie ligeramente enharinada. Corta la hoja en 6 triángulos.

Coloque una cucharada de la mezcla de mantequilla de maní en el extremo ancho de cada triángulo.

Espolvorea chispas de chocolate sobre la mezcla de mantequilla de maní.

Enrolle la masa, comenzando desde el extremo ancho y metiendo los lados a medida que avanza.

Coloque los croissants en una bandeja para hornear forrada.

Pintar el huevo batido sobre los croissants.

Hornee durante 15-20 minutos o hasta que los croissants estén dorados.

Retirar del horno y dejar enfriar unos minutos antes de servir.

87. Croissants rellenos de pecanas

INGREDIENTES

1 hoja de hojaldre, descongelada
1 taza de nueces picadas
1/2 taza de azúcar moreno
1/4 taza de mantequilla sin sal, derretida
1 cucharadita de extracto de vainilla
1/4 cucharadita de sal
1 huevo batido
Azúcar impalpable, para espolvorear (opcional)

INSTRUCCIONES

Precaliente su horno a 400°F (200°C).

En un tazón mediano, mezcle las nueces picadas, el azúcar morena, la mantequilla derretida, el extracto de vainilla y la sal.

Desdoble la lámina de hojaldre sobre una superficie ligeramente enharinada. Corta la hoja en 6 triángulos.

Coloque una cucharada de relleno de nuez en el extremo ancho de cada triángulo.

Enrolle la masa, comenzando desde el extremo ancho y metiendo los lados a medida que avanza.

Coloque los croissants en una bandeja para hornear forrada.

Pintar el huevo batido sobre los croissants.

Hornee durante 15-20 minutos o hasta que los croissants estén dorados.

Retire del horno y deje que se enfríe durante unos minutos antes de espolvorear con azúcar en polvo, si lo desea. ¡Sirve caliente y disfruta!

88. Croissants de mermelada y mantequilla de maní

INGREDIENTES

1 hoja de hojaldre, descongelada
1/2 taza de mantequilla de maní cremosa
1/2 taza de gelatina (de tu sabor favorito)
1 huevo batido

INSTRUCCIONES

Precaliente su horno a 400°F (200°C).
En una superficie ligeramente enharinada, extienda la lámina de hojaldre hasta que tenga un grosor de aproximadamente 1/8 de pulgada.
Cortar la lámina de hojaldre en 6 triángulos.
Extienda una cucharada de mantequilla de maní en el extremo ancho de cada triángulo.
Agregue una cucharada de mermelada encima de la mantequilla de maní.
Enrolle la masa, comenzando desde el extremo ancho y metiendo los lados a medida que avanza.
Coloque los croissants en una bandeja para hornear forrada.
Pintar el huevo batido sobre los croissants.
Hornee durante 15-20 minutos o hasta que los croissants estén dorados.
Retirar del horno y dejar enfriar unos minutos antes de servir.

89. Croissants De Frutos Rojos Y Crema

INGREDIENTES

1 hoja de hojaldre, descongelada
1/2 taza de crema espesa
2 cucharadas de azúcar
1/2 cucharadita de extracto de vainilla
1 taza de bayas mixtas (como fresas, arándanos y frambuesas)
1 huevo batido
Azúcar impalpable, para espolvorear (opcional)

INSTRUCCIONES

Precaliente su horno a 400°F (200°C).

En un tazón mediano, mezcle la crema espesa, el azúcar y el extracto de vainilla hasta que se formen picos rígidos.

Desdoble la lámina de hojaldre sobre una superficie ligeramente enharinada. Corta la hoja en 6 triángulos.

Coloque una cucharada de crema batida en el extremo ancho de cada triángulo.

Agregue algunas bayas mixtas encima de la crema batida.

Enrolle la masa, comenzando desde el extremo ancho y metiendo los lados a medida que avanza.

Coloque los croissants en una bandeja para hornear forrada.

Pintar el huevo batido sobre los croissants.

Hornee durante 15-20 minutos o hasta que los croissants estén dorados.

Retire del horno y deje que se enfríe durante unos minutos antes de espolvorear con azúcar en polvo, si lo desea.

¡Sirve caliente y disfruta!

90. Croissants de frutas y nutella

INGREDIENTES

1 hoja de hojaldre, descongelada
1/2 taza de Nutella
1 taza de frutas mixtas (como plátanos en rodajas, fresas y kiwi)
1 huevo batido
Azúcar impalpable, para espolvorear (opcional)

INSTRUCCIONES

Precaliente su horno a 400°F (200°C).
Desdoble la lámina de hojaldre sobre una superficie ligeramente enharinada. Corta la hoja en 6 triángulos.
Extienda una cucharada de Nutella en el extremo ancho de cada triángulo.
Agregue algunos trozos de frutas mixtas encima de la Nutella.
Enrolle la masa, comenzando desde el extremo ancho y metiendo los lados a medida que avanza.
Coloque los croissants en una bandeja para hornear forrada.
Pintar el huevo batido sobre los croissants.
Hornee durante 15-20 minutos o hasta que los croissants estén dorados.
Retire del horno y deje que se enfríe durante unos minutos antes de espolvorear con azúcar en polvo, si lo desea.
¡Sirve caliente y disfruta!

91. Croissants de brie y mermelada

INGREDIENTES

1 hoja de hojaldre, descongelada
1/2 taza de queso Brie, en rodajas finas
1/4 taza de mermelada (de tu sabor favorito)
1 huevo batido

INSTRUCCIONES

Precaliente su horno a 400°F (200°C).

En una superficie ligeramente enharinada, extienda la lámina de hojaldre hasta que tenga un grosor de aproximadamente 1/8 de pulgada.

Cortar la lámina de hojaldre en 6 triángulos.

Coloque unas rebanadas de queso Brie en el extremo ancho de cada triángulo.

Agregue una cucharada de mermelada encima del queso Brie.

Enrolle la masa, comenzando desde el extremo ancho y metiendo los lados a medida que avanza.

Coloque los croissants en una bandeja para hornear forrada.

Pintar el huevo batido sobre los croissants.

Hornee durante 15-20 minutos o hasta que los croissants estén dorados.

Retirar del horno y dejar enfriar unos minutos antes de servir.

RELLENOS SALADOS

92. Croissants de perritos calientes

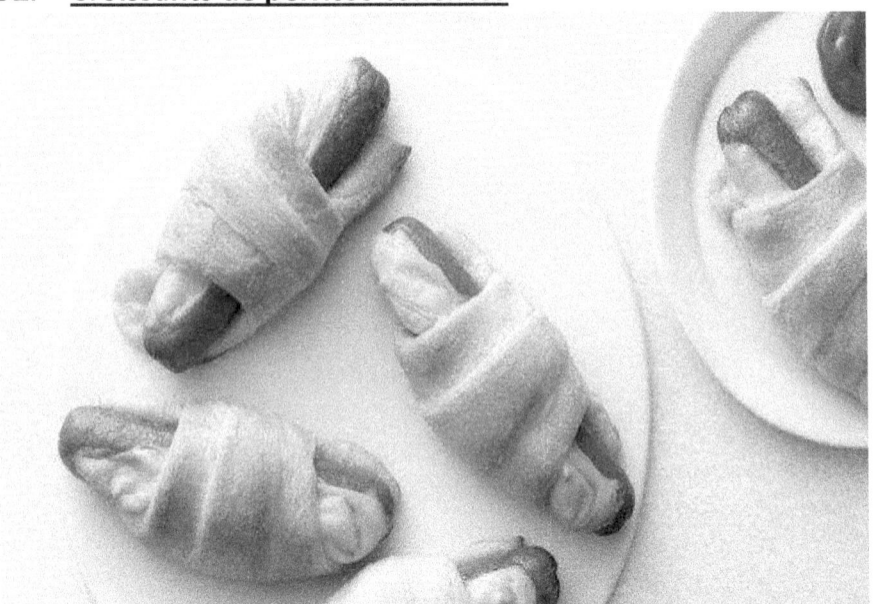

INGREDIENTES

1 hoja de hojaldre, descongelada
4 perritos calientes
1/4 taza de salsa de tomate
1/4 taza de mostaza
1 huevo batido

INSTRUCCIONES

Precaliente su horno a 400°F (200°C).
En una superficie ligeramente enharinada, extienda la lámina de hojaldre hasta que tenga un grosor de aproximadamente 1/8 de pulgada.
Cortar la lámina de hojaldre en 4 rectángulos.
Extienda una cucharada de ketchup y mostaza en cada rectángulo.
Coloque un perrito caliente en un extremo de cada rectángulo.
Enrolle la masa alrededor del perrito caliente, metiendo los lados a medida que avanza.
Coloque los croissants en una bandeja para hornear forrada.
Pintar el huevo batido sobre los croissants.
Hornee durante 15-20 minutos o hasta que los croissants estén dorados.
Retirar del horno y dejar enfriar unos minutos antes de servir.

93. Croissants De Tocino

INGREDIENTES

1 hoja de hojaldre, descongelada
8 rebanadas de tocino, cocidas y picadas
1/2 taza de queso cheddar rallado
1 huevo batido

INSTRUCCIONES

Precaliente su horno a 400°F (200°C).

En una superficie ligeramente enharinada, extienda la lámina de hojaldre hasta que tenga un grosor de aproximadamente 1/8 de pulgada.

Cortar la lámina de hojaldre en 4 rectángulos.

Espolvorea el tocino picado y el queso cheddar rallado en cada rectángulo.

Enrolle la masa, comenzando desde un extremo y metiendo los lados a medida que avanza.

Coloque los croissants en una bandeja para hornear forrada.

Pintar el huevo batido sobre los croissants.

Hornee durante 15-20 minutos o hasta que los croissants estén dorados.

Retirar del horno y dejar enfriar unos minutos antes de servir.

94. <u>Croissants De Pollo A La Parmesana</u>

INGREDIENTES

1 hoja de hojaldre, descongelada
1 taza de pollo cocido, desmenuzado o cortado en cubitos
1/2 taza de salsa marinara
1/2 taza de queso mozzarella rallado
1/4 taza de queso parmesano rallado
1 huevo batido

INSTRUCCIONES

Precaliente su horno a 400°F (200°C).
En una superficie ligeramente enharinada, extienda la lámina de hojaldre hasta que tenga un grosor de aproximadamente 1/8 de pulgada.
Cortar la lámina de hojaldre en 4 rectángulos.
Extienda una cucharada de salsa marinara en cada rectángulo.
Agregue un puñado de pollo desmenuzado en cada rectángulo.
Espolvorea el queso mozzarella rallado y el queso parmesano rallado por encima.
Enrolle la masa, comenzando desde un extremo y metiendo los lados a medida que avanza.
Coloque los croissants en una bandeja para hornear forrada.
Pintar el huevo batido sobre los croissants.
Hornee durante 15-20 minutos o hasta que los croissants estén dorados.
Retirar del horno y dejar enfriar unos minutos antes de servir.

95. Croissants de albóndigas

INGREDIENTES

1 hoja de hojaldre, descongelada
12-16 albóndigas pequeñas, cocidas
1/2 taza de salsa marinara
1/2 taza de queso mozzarella rallado
1/4 taza de queso parmesano rallado
1 huevo batido

INSTRUCCIONES

Precaliente su horno a 400°F (200°C).

En una superficie ligeramente enharinada, extienda la lámina de hojaldre hasta que tenga un grosor de aproximadamente 1/8 de pulgada.

Cortar la lámina de hojaldre en 4 rectángulos.

Extienda una cucharada de salsa marinara en cada rectángulo.

Coloque 3-4 albóndigas cocidas en cada rectángulo.

Espolvorea el queso mozzarella rallado y el queso parmesano rallado por encima.

Enrolle la masa, comenzando desde un extremo y metiendo los lados a medida que avanza.

Coloque los croissants en una bandeja para hornear forrada.

Pintar el huevo batido sobre los croissants.

Hornee durante 15-20 minutos o hasta que los croissants estén dorados.

Retirar del horno y dejar enfriar unos minutos antes de servir.

96. Croissants De Peperoni

INGREDIENTES

1 hoja de hojaldre, descongelada
1/2 taza de salsa marinara
1/2 taza de queso mozzarella rallado
1/4 taza de queso parmesano rallado
24 rebanadas de pepperoni
1 huevo batido

INSTRUCCIONES

Precaliente su horno a 400°F (200°C).

En una superficie ligeramente enharinada, extienda la lámina de hojaldre hasta que tenga un grosor de aproximadamente 1/8 de pulgada.

Cortar la lámina de hojaldre en 4 rectángulos.

Extienda una cucharada de salsa marinara en cada rectángulo.

Coloque 6 rebanadas de pepperoni en cada rectángulo.

Espolvorea el queso mozzarella rallado y el queso parmesano rallado por encima.

Enrolle la masa, comenzando desde un extremo y metiendo los lados a medida que avanza.

Coloque los croissants en una bandeja para hornear forrada.

Pintar el huevo batido sobre los croissants.

Hornee durante 15-20 minutos o hasta que los croissants estén dorados.

Retirar del horno y dejar enfriar unos minutos antes de servir.

97. Croissants al pesto

INGREDIENTES

1 hoja de hojaldre, descongelada
1/2 taza de salsa pesto
1/2 taza de queso mozzarella rallado
1/4 taza de queso parmesano rallado
1 huevo batido

INSTRUCCIONES

Precaliente su horno a 400°F (200°C).

En una superficie ligeramente enharinada, extienda la lámina de hojaldre hasta que tenga un grosor de aproximadamente 1/8 de pulgada.

Cortar la lámina de hojaldre en 4 rectángulos.

Extienda una cucharada de salsa pesto en cada rectángulo.

Espolvorea el queso mozzarella rallado y el queso parmesano rallado por encima.

Enrolle la masa, comenzando desde un extremo y metiendo los lados a medida que avanza.

Coloque los croissants en una bandeja para hornear forrada.

Pintar el huevo batido sobre los croissants.

Hornee durante 15-20 minutos o hasta que los croissants estén dorados.

Retirar del horno y dejar enfriar unos minutos antes de servir.

98. Croissants de cebolla caramelizada y queso de cabra

INGREDIENTES

1 hoja de hojaldre, descongelada
2 cebollas medianas, en rodajas finas
2 cucharadas de mantequilla sin sal
1 cucharada de azúcar moreno
1/4 cucharadita de sal
4 oz de queso de cabra, desmenuzado
1 huevo batido

INSTRUCCIONES

Precaliente su horno a 400°F (200°C).

En una superficie ligeramente enharinada, extienda la lámina de hojaldre hasta que tenga un grosor de aproximadamente 1/8 de pulgada.

Cortar la lámina de hojaldre en 4 rectángulos.

En una sartén a fuego medio, derrita la mantequilla y agregue las cebollas rebanadas. Cocine las cebollas durante unos 10-15 minutos o hasta que se caramelicen.

Espolvoree azúcar moreno y sal sobre las cebollas y continúe cocinando durante 1-2 minutos más.

Extienda las cebollas caramelizadas de manera uniforme sobre cada rectángulo de hojaldre.

Espolvorea queso de cabra desmenuzado sobre las cebollas.

Enrolle la masa, comenzando desde un extremo y metiendo los lados a medida que avanza.

Coloque los croissants en una bandeja para hornear forrada.

Pintar el huevo batido sobre los croissants.

Hornee durante 15-20 minutos o hasta que los croissants estén dorados.

Retirar del horno y dejar enfriar unos minutos antes de servir.

99. Croissants de mozzarella y albahaca

INGREDIENTES

1 hoja de hojaldre, descongelada
4 oz de queso mozzarella fresco, en rodajas
1/4 taza de albahaca fresca picada
1 huevo batido
Sal y pimienta para probar

INSTRUCCIONES

Precaliente su horno a 400°F (200°C).
En una superficie ligeramente enharinada, extienda la lámina de hojaldre hasta que tenga un grosor de aproximadamente 1/8 de pulgada.
Cortar la lámina de hojaldre en 4 rectángulos.
Coloque unas rebanadas de queso mozzarella en cada rectángulo.
Espolvorea la albahaca fresca picada sobre el queso.
Sazone con sal y pimienta al gusto.
Enrolle la masa, comenzando desde un extremo y metiendo los lados a medida que avanza.
Coloque los croissants en una bandeja para hornear forrada.
Pintar el huevo batido sobre los croissants.
Hornee durante 15-20 minutos o hasta que los croissants estén dorados.
Retirar del horno y dejar enfriar unos minutos antes de servir.

100. Croissants de ajo y queso

INGREDIENTES

1 hoja de hojaldre, descongelada
4 dientes de ajo, picados
1/4 taza de queso parmesano rallado
1/4 taza de queso cheddar rallado
1 huevo batido
Sal y pimienta para probar

INSTRUCCIONES

Precaliente su horno a 400°F (200°C).

En una superficie ligeramente enharinada, extienda la lámina de hojaldre hasta que tenga un grosor de aproximadamente 1/8 de pulgada.

Cortar la lámina de hojaldre en 4 rectángulos.

En un tazón pequeño, mezcle el ajo picado, el queso parmesano y el queso cheddar.

Espolvorea la mezcla de ajo y queso de manera uniforme sobre cada rectángulo de hojaldre.

Sazone con sal y pimienta al gusto.

Enrolle la masa, comenzando desde un extremo y metiendo los lados a medida que avanza.

Coloque los croissants en una bandeja para hornear forrada.

Pintar el huevo batido sobre los croissants.

Hornee durante 15-20 minutos o hasta que los croissants estén dorados.

Retirar del horno y dejar enfriar unos minutos antes de servir.

CONCLUSIÓN

Esperamos que haya disfrutado de este libro de cocina de croissants y que lo haya inspirado para intentar hacer estos deliciosos pasteles en casa. Con los ingredientes y las técnicas correctos, cualquiera puede hacer croissants que son tan buenos (si no mejores) que los que encontraría en una panadería francesa. Entonces, ya sea que esté preparando croissants para el desayuno, el brunch o una ocasión especial, estamos seguros de que este libro de cocina lo ayudará a crear el lote perfecto en todo momento. ¡Feliz horneado!

Milton Keynes UK
Ingram Content Group UK Ltd.
UKHW020707290823
427678UK00015B/655